paris/est/à/nous/

Faire du cheval à Paris

et dans sa région

Marion **Flohr**

PARIGRAMME

À Benoit et à Miso

Pour toute remarque ou suggestion sur ce guide, envoyez-nous un mail :
parisestanous@parigramme.fr

Collection dirigée par Jean-Christophe Napias et Sandrine Gulbenkian

Sommaire

Mettre le pied à l'étrier

Vous avez la nostalgie de vos promenades estivales sur les longues plages normandes au coucher du soleil ? Vous rêviez, enfant de devenir jockey ? Stressé, éreinté par la vie parisienne, vous aspirez à vous mettre au vert régulièrement pour vous ressourcer ? Votre fille ne se rêve qu'en cavalière romantique ? Votre fils, timide, ne se sent bien qu'au contact des animaux ? Vous avez eu la révélation un soir en assistant à un spectacle de Bartabas ou à celui des Grandes écuries de Chantilly ?
Que vous habitiez Paris ou la très urbanisée Ile-de-France, il vous sera très facile de vous (re)mettre en selle. Quelque soit votre niveau, et sans être milliardaire, vous trouverez forcément le centre équestre qui vous conviendra. Respect de l'animal et rigueur pédagogique ont guidé nos choix, pour que le plaisir soit entier.
Ce guide passe en revue toutes les écoles d'équitation et poney-clubs de Paris et de la proche banlieue (Seine-Saint-Denis, Hauts-de-Seine, Val-de-Marne). Nous proposons aussi une sélection des meilleurs clubs des Yvelines, de Seine-et-Marne, de l'Essonne et du Val-d'Oise.
Pour connaître l'adresse de clubs que nous n'aurions pas retenus dans notre sélection, consultez le site du comité régional d'équitation d'Ile-de-France : www.ffe.com

NB : Tous les tarifs des centres équestres sont indiqués dans le tableau récapitulatif, pages 78-79.

1

Quel cavalier êtes-vous ?

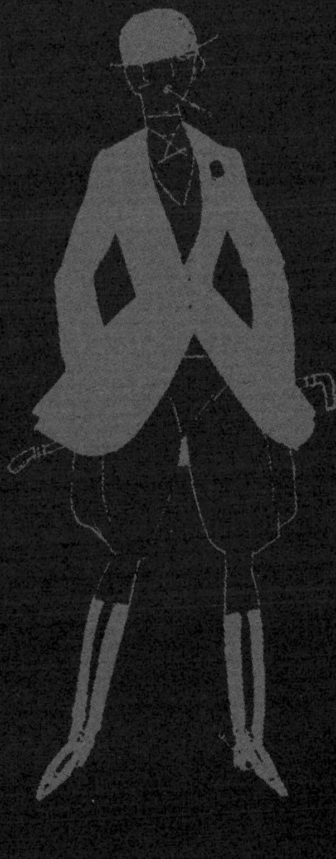

Pour choisir le bon centre équestre, il faut en premier lieu déterminer quelle équitation vous souhaitez pratiquer. Voici donc, pour commencer, les principales disciplines de loisir et de compétition.

Les principales disciplines

■ L'attelage

Les amateurs d'attelage pensent que les chevaux sont plus aptes à tirer une charge qu'à la porter sur leur dos. D'ailleurs, pratiquement tous les chevaux et poneys peuvent être attelés et offrir ainsi une preuve de leur générosité.

■ Le cross

Le cavalier parcourt à cheval la campagne au grand galop, franchissant les obstacles naturels, les rivières, les talus, les fossés qui se trouvent sur son chemin. Le cross est l'une des épreuves du concours complet d'équitation (les deux autres étant le dressage et le saut d'obstacles).

■ Le dressage

Xénophon (430-355 av. J.-C.), général de la cavalerie de l'armée grecque, fut probablement le premier à écrire un ouvrage introduisant la notion de dressage de chevaux.

Dans l'Islam médiéval, il existait aussi des écrits en arabe et en persan, posant les bases d'un dressage harmonieux.

À la Renaissance, le dressage atteignit son plus haut degré de raffinement en Italie : les académies équestres définirent alors des exercices de haute école inspirés des combats à cheval. À partir du XVe siècle, le dressage devint un art véritable, qui entrait dans l'éducation des jeunes nobles.

Pour en savoir plus : www.cadrenoir.fr ; www.cheval-haute-ecole.com

■ L'endurance

Cette épreuve teste la capacité du cavalier et de son cheval à soutenir un effort prolongé. Ceux qui pratiquent cette discipline apprennent dès le début à respecter leurs chevaux : qui veut aller loin ménage sa monture ! Dans le cadre de la compétition, les distances à parcourir vont de 20 à 160 km.

■ L'équitation portugaise

Au XVIIIe siècle, le célèbre écuyer Manuel Carlos de Andrade emprunte certaines figures à l'équitation française, dont l'épaule en-dedans et le carré de La Guérinière. Le cheval portugais apparaît aussi comme l'archétype du cheval d'école au siècle des Lumières. Au XXe siècle, c'est Nuno Oliveira qui est invité à Saumur pour conseiller les écuyers du Cadre noir. Par sa position géographique, le Portugal est ouvert sur l'Europe et tout le bassin méditerranéen ; il réalise très tôt une subtile synthèse des différentes traditions équestres. Les écuyers portugais s'inspirent de l'équitation berbère, qui donne naissance à l'équitation à la gineta, considérée comme l'ancêtre probable de l'équitation tauromachique. Attentifs à toutes les innovations techniques lors de leurs nombreux voyages, les Portugais adaptent les concepts de l'équitation italienne, anglaise et française à leur culture équestre et à leurs célèbres chevaux (source : Fédération française d'équitation).

■ L'équitation western

Le reining consiste à exécuter des figures de dressage. Le cheval galope en cercle à différentes cadences, s'arrête brusquement en glissant sur ses postérieurs (sliding stop), effectue des demi-tours à 180° (rollback) et des changements de pied au galop, recule de quelques mètres, pivote rapidement plusieurs fois de 360° (spins). Le cutting est une épreuve issue du travail de bétail par les cowboys : le cavalier choisit une vache dans le troupeau qui est regroupé dans un manège, la conduit au centre et doit l'empêcher de rejoindre le troupeau.

■ Le horse-ball

Le horse-ball est un sport collectif qui oppose deux équipes de quatre cavaliers sur un terrain rectangulaire. Par un jeu de passes, les joueurs de chaque équipe tentent de ramasser le ballon par l'une des poignées qui l'entourent et de l'envoyer dans les buts adverses. Un match se déroule en deux périodes de dix minutes.

■ Le hunter

Le cheval et son cavalier alternent l'enchaînement d'un minimum de huit obstacles, en respectant un nombre de foulées définies, et le déroulement de figures de dressage imposées (arrêt, reculer, changement de pied au temps, galop à faux).

■ Le polo

Originaire d'Asie Mineure et de Chine ancienne, le polo est pratiqué dans le monde depuis plus de vingt siècles. Les dieux du stade sont les Argentins ! Deux équipes de quatre joueurs s'affrontent sur un terrain rectangulaire ; les buts sont constitués de deux poteaux verticaux. En selle sur des chevaux vifs et agiles, les cavaliers frappent une petite balle de bois à l'aide d'un maillet et se lancent dans des poursuites effrénées pour marquer un but.

■ Les pony-games

Ces jeux à poney en équipe permettent d'aborder l'équitation comme une pratique collective, où le respect de l'autre prime. La performance sportive n'est pas recherchée à tout prix – ce qui importe, c'est avant tout d'acquérir de l'aisance avec sa monture.

■ Le saut d'obstacles

Enchaîner un parcours d'obstacles consiste à franchir des obstacles dont les barres sont mobiles, dans un ordre précis et un temps donné. Le "bidet" est un obstacle composé d'une bassine remplie d'eau et placée sous un obstacle droit : les chevaux sont généralement regardants... Les cavaliers tombent parfois à l'eau !

À savoir... Le dressage, le saut d'obstacles et le concours complet constituent les trois disciplines officielles des Jeux olympiques.

■ **Le TREC** (Techniques de randonnée équestre de compétition)

Des groupes de cavaliers randonneurs souhaitant mesurer la qualité de leurs chevaux randonneurs ont créé le TREC à la fin des années 1980. Cette discipline teste le cavalier et son cheval sur des difficultés semblables à celles qui peuvent survenir en équitation d'extérieur : passage de difficultés naturelles et contrôle des allures du cheval.

■ **La voltige**

La voltige réinvente une gestuelle autour de l'animal : elle ne se caractérise pas par l'échange d'informations entre l'homme et le cheval, mais fait de l'animal un élément essentiel d'expression corporelle et rappelle la danse ou les sports de glisse, par la grâce et la constante recherche d'équilibre qu'elle exige.

DÉCODONS UN PEU !

CSO concours de saut d'obstacles
CCE concours complet d'équitation
☺ on applaudit
♥ spécial coup de cœur

◆ À vous, à présent, de choisir la discipline qui vous séduit le plus. Sachez que pour commencer, des cours sur le plat sont indispensables : vous n'échapperez pas aux douloureuses séances de mise en selle et apprendrez petit à petit à communiquer avec votre cheval. Les débuts sont parfois ingrats mais accrochez-vous... Tout comme le vélo, l'équitation ne s'oublie pas : une fois que vous aurez appris à ne plus décoller de la selle au galop, ce sera acquis pour la vie !

Vous déciderez ensuite de suivre un enseignement classique (dressage, obstacle), de galoper en pleine nature (endurance, cross, TREC, attelage), de vous aventurer dans des disciplines plus artistiques (voltige, amazone http://amazone2000.free.fr, équitation portugaise, équitation western) ou de jouer en équipe (polo, horse-ball).

AU GALOP !

Les Galops sont des diplômes délivrés par la Fédération française d'équitation, validant un niveau équestre. Le passage des examens fédéraux se déroule dans tous les centres équestres.

- **Galop 1** Après avoir pansé et amené sa monture en main sur le terrain, le cavalier doit être capable de se déplacer au pas et au trot.
- **Galop 2** Après avoir effectué un pansage complet, bridé et sellé sa monture, le cavalier doit être capable de se déplacer aux trois allures.
- **Galop 3** Après avoir vérifié le bon état général de sa monture et lui avoir ajusté le harnachement, le cavalier doit être capable de la diriger aux trois allures, sur des sauts isolés ou en terrain varié.
- **Galop 4** Le cavalier, possédant une bonne connaissance de l'entretien, des besoins, de la locomotion et du comportement de son cheval, doit être autonome aux trois allures, en terrain varié et dans l'enchaînement de sauts.
- **Galop 5** Le cavalier doit être capable de présenter un cheval ou un poney stable dans ses allures et dans son attitude, sur les tests d'équitation pratique (dressage, obstacle et mini-cross).
- **Galop 6** Le cavalier doit être capable de présenter un cheval ou un poney stable dans ses allures et dans son attitude sur les tests d'équitation pratique (dressage, obstacle, travail à pied).
- **Galop 7** Le cavalier doit disposer d'un niveau de pratique permettant de présenter son cheval ou son poney dans un équilibre stable et une amplitude adaptée, sur une reprise de dressage, un parcours de saut d'obstacles, un parcours de cross. Le Galop 7 ouvre les portes à la compétition officielle.
- **Galop 8** Le cavalier sait mettre en valeur sa monture sur des épreuves sportives de concours complet d'équitation (dressage, cross et saut d'obstacles).

L'enfant et le cheval

Faire découvrir l'équitation à son enfant, c'est lui permettre de prendre confiance en lui, lui apprendre à être ferme et déterminé, tout en évoluant au contact d'un animal sensible et généreux. Voici quelques questions/réponses pour vous décider.

■ À partir de quel âge peut-il commencer ?

Il existe des cours de "baby poney" dès l'âge de 3-4 ans mais les véritables reprises sur les shetlands (race de poneys dont la taille au garrot est au maximum de 107 cm) débutent vers 6-7 ans. Les enfants montent ensuite, en fonction de leur gabarit, de grands poneys que l'on appelle, par abus de langage, des doubles poneys : la taille au garrot maximale d'un poney est de 148 cm, au-delà il s'agit d'un cheval. Il n'existe pas de règle, mais les reprises à cheval sont proposées à partir de 12-13 ans.

■ Est-ce que l'équitation est mauvaise pour le dos ?

Non ! On dit souvent que l'équitation tasse les vertèbres mais s'il n'a pas de fragilité, une ou deux heures d'équitation par semaine permettront à votre enfant de se muscler les bras, les cuisses, les mollets, le dos et de travailler son souffle.

En début de reprise, chaque cavalier devrait faire des exercices d'assouplissement à cheval pour s'échauffer : attraper la queue/les oreilles de son poney, s'asseoir à l'envers sur la selle, se coucher sur la croupe, etc., mais c'est hélas rarement le cas.

■ Que faire si votre enfant a peur ?

Les poneys bien dressés sont doux comme des agneaux et les enfants les adorent. Cependant, si votre petit est effrayé par les chevaux, c'est peut-être que l'endroit n'est pas adapté. Certains enseignants cultivent un esprit de compétition et envisagent l'équitation comme un rapport de force avec l'animal, où celui-ci devient une véritable "bête de concours"... Attention danger ! L'équitation enrichira votre enfant s'il respecte l'animal et s'il apprend à s'en faire respecter. S'établira alors une forte complicité et vous risquez bien d'entendre parler de Dingo, de Mowgli ou de Magie à chaque repas.

■ Les enfants passent-ils des niveaux ?

Oui ! Les enfants passent généralement les Galops 1, 2, 3 à poney puis les Galops 4, 5, 6 et 7 à cheval.

Choisir son centre équestre

Avant d'entrer dans le vif du sujet, voici quelques trucs et astuces pour repérer les bons endroits.

♦ Regardez d'abord l'entretien général du club : les écuries et la sellerie sont-elles rangées ? Les boxes sont-ils propres ? Attardez-vous sur l'aspect des chevaux : sont-ils grassouillets, avec le poil brillant et le regard serein et bienveillant, ou ont-ils les côtes légèrement saillantes et le regard inquiet ?

♦ Prenez le temps d'observer le déroulement d'une reprise : les chevaux ont-ils le dos et les membres correctement protégés (en particulier à l'obstacle) ? L'enseignant est-il calme et patient (il n'y a aucune raison qu'il hausse le ton) ?

♦ Comment se comportent les cavaliers ? Sont-ils respectueux envers leur monture ? Combien sont-ils par reprise (12 au maximum est un bon nombre) ?

♦ Demandez-vous, tout simplement, si vous avez envie de prendre des leçons à cet endroit ou d'en faire prendre à vos enfants. Fiez-vous à votre intuition. L'heure d'équitation est censée être un moment de plaisir et d'échange avec votre monture, non une lutte effrénée entre un cheval rétif, un moniteur excédé et un cavalier terrorisé.

♦ Demandez la fréquence des séances d'obstacles imposées aux chevaux... Qui veut sauter haut et bien ménage sa monture !

♦ Pour débuter, un petit manège couvert suffit même si, très vite, vous aurez envie de monter en carrière et de passer quelques obstacles. Pour cela, le centre équestre doit être équipé d'un manège spacieux et d'une carrière. S'il dispose en plus d'un cross, d'un accès direct pour les promenades en forêt et de paddocks, c'est le bonheur !

♦ Sachez que les diplômes des enseignants (BEES 1 : moniteur ; BEES 2 : instructeur) doivent être affichés bien en évidence – c'est une obligation légale.

♦ Les clubs hippiques financés par les municipalités sont généralement gérés sérieusement. Soyez plus vigilant en choisissant un club privé.

Beaucoup de centres équestres possèdent le label de qualité EFE (École française d'équitation) : les normes de sécurité et d'hygiène sont contrôlées et validées régulièrement.

Le label "Cheval-club de France", affiché à l'entrée du centre équestre, propose un enseignement sur chevaux pour les adolescents et les adultes. Le label "Poney-club de France", également affiché à l'entrée du poney-club, propose un enseignement sur poneys, adapté aux enfants et aux adolescents.

LE VOCABULAIRE DE BASE

- Le **box** est la “maison” du cheval, l’endroit où il mange et où il se repose.
- La **stalle** est un petit box sans porte. Le cheval est attaché en permanence la tête au mur et montre sa croupe : le malheureux ne peut ni se retourner, ni se gratter, ni s’allonger.
- La **sellerie** est l’endroit où est rangé tout le matériel nécessaire pour équiper un cheval. On y trouve les selles, les tapis de selles, les filets, les protections pour les membres, les enrênements, etc.
- Le **manège** est un lieu couvert où se déroulent les reprises. Il est le plus souvent rectangulaire, le sol est recouvert de sciure et le pourtour est délimité par un plan en bois : le pare-botte.
- La **carrière** est une aire d’évolution non couverte, délimitée par une lice (barrière). Le sol est généralement recouvert de sable.
- Moins spacieux qu’un pré, un **paddock** est un enclos aménagé dans une prairie. Il permet de lâcher les chevaux en liberté.
- Un **rond de longe** est une carrière circulaire d’environ 20 mètres de diamètre permettant de tourner un cheval en longe : à terre, au centre de la piste, le cavalier fait évoluer sa monture au pas, au trot ou au galop autour de lui, à l’aide d’une longe (sorte de corde) attachée généralement après le mors du cheval.
- Une **reprise** est une leçon, habituellement d’une heure, dispensée par un moniteur ou un instructeur à un groupe de cavaliers de même niveau.

2

Les clubs parisiens

Société hippique nationale (SHN) – École militaire ♥

Centre équestre réservé aux 13-21 ans

1, place Joffre (7e)

Tél. 01 44 42 38 48 (insister jusqu'à ce que quelqu'un décroche).

M° École-Militaire

Les inscriptions sont saturées : il faut compter deux ou trois ans avant de pouvoir s'inscrire à un cours. Si vous envisagez cette démarche comme un investissement à long terme, mettez vos enfants sur liste d'attente et faites-les monter ailleurs en attendant. Vous pouvez même inscrire les plus jeunes dès l'âge de 10 ans, ils pourront ainsi monter à l'École militaire à partir de 13 ans. Une fois dans le circuit, c'est gagné : votre place est réservée d'une année sur l'autre.

À partir du Galop 4, des stages de cinq jours sont organisés pendant les vacances scolaires : deux à trois heures de monte par jour complétées par des cours d'hippologie. Les tarifs défient toute concurrence (voir tableau p. 78).

♦ 3 moniteurs ♦ 90 chevaux.

Un enseignement d'excellence au cœur de Paris, à ce prix-là, ça ne court pas les rues. Le centre équestre est situé dans l'enceinte même de l'École militaire. On n'imagine pas que derrière ces murs austères se cachent 90 merveilleux chevaux ! Il suffit de se fier à son odorat pour trouver les écuries, et à son ouïe pour trouver le manège. Les boxes sont propres et les chevaux dodus. Certains militaires pansent leur monture tandis que d'autres s'échauffent sur la piste de galop : l'atmosphère est irréelle, l'élégance omniprésente.

Les reprises s'adressent aux débutants tout comme aux cavaliers de compétition, dressage, obstacles et concours complet. Les cavaliers, jusqu'au niveau Galop 4/5, travaillent dans le manège, les confirmés ont le privilège d'aller dans la carrière.

Trente cavaliers (maximum) par reprise, c'est évidemment beaucoup, mais le colonel donne des instructions carrées, les cavaliers sont disciplinés et le manège spacieux. De plus, en cours d'année, beaucoup se découragent et les reprises deviennent alors plus agréables. Au programme : rudes séances de mise en selle, enchaînement de figures très précises et dressage ou obstacles, en fonction de la spécialité du colonel. Les enseignants sont d'une exigence presque maladive mais vous apprendrez à vous tenir droit, les coudes au corps et les poignets bien verticaux.

Les + *un grand manège, une carrière encore plus grande avec vue sur la tour Eiffel, une piste de galop et un paddock : le rêve de tout cavalier parisien ! L'extrême rigueur étant de mise, c'est un très bon endroit pour apprendre à monter à cheval et les militaires sont plutôt sympathiques.*

Le – *la liste d'attente !*

DES CAVALIERS BATTANT LE PAVÉ

Des cavaliers en uniforme en plein quartier de la Bastille, trottant tout fiers dans la rue Saint-Antoine. Curieux, incongru, pourtant vous ne rêvez pas ! Ces fiers militaires, qui sont de toutes les réceptions officielles de la République, viennent de la caserne des Célestins (à visiter pendant les Journées du patrimoine ou lorsque la caserne ouvre ses portes pour des démonstrations équestres). Cet endroit magnifique abrite la "salle de tradition et d'honneur de la garde républicaine". Une vingtaine de vitrines y retracent l'histoire de la garde républicaine, des origines (1802) à nos jours. On y croise, sous forme de mannequins, un timbalier, la fanfare de cavalerie, un grenadier de la garde de Paris, un garde républicain dans les tranchées du chemin des Dames… Et toute une collection de coiffes, d'uniformes, d'emblèmes, d'armes, de harnachements, d'instruments de musique présentés en situation, sous forme de dioramas.

Garde républicaine

Quartier de cavalerie des Célestins
18, boulevard Henri-IV (4e)
Tél. 01 49 96 13 24
M° Sully-Morland
www.garderepublicaine.com

Centre Bayard UCPA Vincennes ♥ ☺

Centre équestre et poney-club (à partir de 3 ans)
Avenue du Polygone (12e)
Tél. 01 43 65 46 87 (insistez jusqu'à ce que quelqu'un décroche). www.clubbayard.com
M° Château-de-Vincennes puis 15 minutes à pied ; RER A Vincennes puis 15 minutes à pied ; bus 46, 56, 115 ou 118, arrêt Château-de-Vincennes puis 15 minutes à pied.
En voiture : 15 minutes depuis le centre de Paris (parking dans le centre équestre).

Les inscriptions ont lieu mi-juin pour la rentrée scolaire puis environ un mois avant le début de chaque nouveau trimestre. Attention, un certain nombre de reprises sont convoitées : il faut être prêt à prendre une demi-journée voire une journée pour s'inscrire... Premier arrivé, premier servi mais une fois dans le circuit c'est gagné ! Plus besoin de faire la queue pour le trimestre suivant. Stages pendant les vacances scolaires et possibilité de passer des examens fédéraux.

• 1 instructeur, 9 moniteurs • 70 chevaux, 40 poneys • 1 club-house.

Heureux chevaux de Vincennes, qui peuvent donner la pleine mesure de leur talent dans deux manèges, l'un grand, l'autre plus rikiki, deux belles carrières presque en pleine nature et un parcours de cross ! Les poneys se contentent d'un manège et d'une carrière. Dressage, obstacles, voltige, compétition et parfois promenades dans le bois de Vincennes, beaucoup de disciplines sont proposées ici, avec 12 personnes maximum par reprise. Le dimanche après-midi, équitation western, carrousel, travail à pied, horse-ball, pony-games, cross, etc. : les animations et l'ambiance ne manquent pas (inscription 10 jours à l'avance).

Ici, de l'amateur au cavalier confirmé, chacun trouve la reprise adaptée à son niveau, à un prix très raisonnable. Pour avoir accès à la compétition, il faut être jeune et recommandé par un moniteur. Un conseil : venez monter en juillet et en août : il y a beaucoup moins de monde et c'est le bonheur pour les chevaux et les cavaliers.

Les + *le club est situé dans un environnement calme et verdoyant, l'ambiance est sympathique et décontractée. Les chevaux sont doux et bien entretenus, le sport est pratiqué en toute sécurité. En été, le club-house orga-*

nise des soirées barbecue. Vous pouvez même organiser un barbecue "privé" pour 10 personnes au moins (contact : 01 41 74 62 81).

Le (petit) – *les chevaux n'ont pas de véritable pré pour se défouler et ne partent jamais en vacances. L'été, le terrain de cross est divisé en grands paddocks et on lâche nos amis : ce sont leurs vacances !*

À savoir... Le bois de Vincennes possède deux autres centres équestres, le Cercle hippique du bois de Vincennes (CHBV), situé sur la commune de Nogent-sur-Marne (voir p. 57) et les Écuries de Condé, situées sur la commune de Saint-Maur-des-Fossés (voir p. 60).

Centre équestre de la Cartoucherie

Centre équestre, poney-club (à partir de 5 ans) et écurie de propriétaires (15 chevaux)

Route du Champ-de-Manœuvre, bois de Vincennes (12e)

Tél. 01 43 74 61 25. http://cartoucherie.site.voila.fr

M° Château-de-Vincennes puis 20 bonnes minutes à pied ; bus 112, arrêt Cartoucherie.

En voiture : 15 minutes depuis le centre de Paris.

Inscriptions dès le mois de juin. Stages à la journée pendant les vacances scolaires.

• 5 moniteurs • 22 chevaux, 48 poneys • 1 club-house.

Le centre équestre est installé dans le bois de Vincennes mais il n'est pas vraiment à l'écart de la route, le bruit des voitures rappelle qu'ici, on n'est pas en pleine nature. Les écuries s'organisent autour d'une jolie petite carrière : depuis leur box, les chevaux observent les reprises des débutants. On se sent cependant un peu oppressé dans les locaux : les poneys sont entassés et les manèges sont sombres. Dès que le temps le permet, on file dans la grande carrière de la plaine Saint-Hubert, à 10 minutes à pied du club. Mais dans ce cas, les cavaliers sont jusqu'à 14 par reprise, ce qui est beaucoup trop... à 12, on a déjà du mal à s'y retrouver. Disciplines : dressage, obstacles et compétition à shetland ou à cheval, du cavalier débutant au cavalier niveau Galop 6/7.

L'activité d'écurie de propriétaire va cesser peu à peu. Dommage, les promenades matinales à travers la forêt semblaient bien tentantes.

Le + *les théâtres de la Cartoucherie et l'ombre d'Ariane Mnouchkine confèrent au lieu, surtout en soirée, un charme un peu bohème.*

Le - *beaucoup de chevaux sont montés avec des éperons par des cavaliers pas toujours très avertis : et un coup dans les flancs à chaque foulée, un ! Avec des mollets en béton, on peut se passer de ce genre d'artifice, non ?*

LES ÉPERONS

Les éperons sont des pièces de métal composées de deux branches réunies par une petite excroissance et fixées au talon du cavalier. Lorsque celui-ci veut faire avancer sa monture, il "pique" légèrement les flancs du cheval en inclinant ses talons vers l'intérieur. Il existe différents types d'éperons, plus ou moins agressifs pour le cheval : les éperons à bout rond sont les moins barbares.

Centre hippique du Touring club de France

Centre équestre et poney-club (à partir de 4 ans)
Centre hippique du bois de Boulogne
Route de la Muette à Neuilly, bois de Boulogne (16e)
Tél. 01 45 01 20 88. www.chtcf.com (site Internet très complet où vous pourrez, entre autres, consulter le planning des reprises).
M° Pont-de-Neuilly ; bus 43 et 73, arrêt Pont-de-Neuilly ; 244, arrêt Jardin-d'Acclimatation.
En voiture : prendre le boulevard du Commandant-Charcot en direction de Neuilly-sur-Seine puis, à droite, la route de la Muette. Le club se trouve un peu plus loin sur la gauche.

Il faut s'inscrire en mai. Début juin, toutes les reprises sont quasi complètes. On vous attribuera un jour et un créneau horaire fixes (sauf empêchement majeur de votre part).

• 3 instructeurs, 4 moniteurs poneys • 60 chevaux, 25 poneys • 1 club-house.

Côté installations, un manège olympique et deux autres moins grands, une vaste carrière. On regrette que beaucoup de chevaux soient en stalles, attachés toute la journée sans pouvoir se retourner pour voir ce qui se passe derrière eux. En revanche, les reprises ne comptent que 8 cavaliers, ce qui permet un travail de qualité.

On propose, dans ce club très orienté compétition (CSO, CCE, dressage et horse-ball), des leçons de dressage et d'obstacle, de l'initiation au perfectionnement. Il existe des reprises spéciales monte en amazone. Le dimanche après-midi : animations poneys et chevaux ou concours. Le centre équestre propose des cours de TREC à partir du Galop 5 : inscription à l'année, 77 € par mois pour 1h30 d'activité. L'idéal est de monter en semaine, pendant la journée ou à l'heure du déjeuner plutôt que le soir à 20h : il n'y a pas un chat et les chevaux sont frais.

Les + *le site est classé et les écuries, tout comme le manège, datent de l'époque Napoléon III. Les boxes, la sellerie et l'accueil sont organisés autour d'une très belle cour pavée. Le club-house est le même que celui de la Société d'équitation de Paris (voir p. 26) : jolie vue et calme garantis. L'ambiance est sympathique, un peu "aristo". Des douches sont disponibles – pratique pour ceux qui vont travailler juste après.*

Le - *pas un pré à l'horizon. Il y aurait pourtant la place de créer quelques paddocks, non ?*

Club hippique du Jardin d'Acclimatation

Centre équestre et poney-club (à partir de 4 ans)
Route de la Muette à Neuilly, bois de Boulogne (16e)
Tél. 01 45 01 97 97
www.lesecuriesdujardin.com/Cheval/club-hippique-jardin-paris/index.html
M° Pont-de-Neuilly ; bus 43 et 73, arrêt Pont-de-Neuilly ; 244, arrêt Jardin-d'Acclimatation.
En voiture : prendre le boulevard du Commandant-Charcot en direction de Neuilly-sur-Seine puis à droite la route de la Muette. Le club hippique se trouve un peu plus loin sur la gauche, dans le Jardin d'Acclimatation.

Passer s'inscrire entre mai et juin pour la rentrée de septembre. Des stages ont lieu pendant les vacances scolaires. Le centre est fermé en août.

♦ 3 moniteurs, 2 animateurs poneys ♦ 30 chevaux, 22 poneys
♦ 1 club-house.

À première vue tout va bien : le manège, assez grand, est installé sous une tente ; il est souvent partagé en deux pour pouvoir mener deux reprises simultanément. Mais si l'on y regarde de plus près, on remarque des choses étranges : un arbre, situé au milieu du manège, a poussé à travers le toit en toile et le tronc n'est pas sécurisé, en cas de chute incontrôlée. Mais l'ensemble est plutôt sympa : promenades d'initiation d'une demi-heure dans le bois de Boulogne pour les tout-petits, reprises à poney et à cheval, cours particuliers, animations/jeux le mercredi et le week-end.

Le + *les écuries des (petits) chevaux sont plutôt chic et leur équipement relativement neuf.*

Le - *c'est "gentil"... Par ailleurs, on déplorera que les shetlands soient parqués dans des boxes en bois en mauvais état. Les chevaux, eux aussi, sont un peu à l'étroit.*

Polo de Paris

Centre équestre, poney-club (à partir de 7 ans) et écurie de propriétaires
Route des Moulins, bois de Boulogne (16e)
Tél. 01 44 14 10 00. www.polodeparis.com
Pour connaître toutes les infos sur les tournois de polo en Ile-de-France : http://polo.polodeparis.com
M° Porte-Maillot puis bus 244, arrêt les Moulins-Camping.
En voiture : on se perd assez facilement dans le bois de Boulogne ! Pour se rendre au Polo de Paris, depuis la porte Maillot, prendre l'allée de Longchamp en direction de Boulogne. Au bout de cette allée, au carrefour de Longchamp, prendre à droite la route de Sèvres à Neuilly puis la première à gauche, la route des Moulins (au niveau de l'étang de Longchamp).
Se renseigner fin août pour les inscriptions en septembre.

• 2 instructeurs • 13 chevaux, 17 poneys et 24 chevaux de propriétaires • 1 club-house.

Ici, les chevaux brillent, la carrière brille, les mors brillent et les dents de la secrétaire étincellent ! Les propriétaires sont rois : champions de France et autres pontes viennent leur donner des cours particuliers. Les chevaux ont la vie de château : lampes à ultraviolets pour faire sécher Bijou après une bonne douche et vacances au pré en juillet-août.

L'école d'équitation ne semble pas courir après le client : lorsque l'on arrive devant le club, les grilles sont fermées et un panneau indique "défense d'entrer" (chevaux méchants ?). Pourtant, tout est nickel : le manège olympique, la très grande carrière avec de beaux obstacles et de l'autre côté de la route, un rond de longe, un petit cross, une piste de galop et bien sûr l'imposant terrain de polo. Outre le polo chic, on vous entraînera au concours de CSO, de dressage et de hunter.

À savoir... La pension pour chevaux est digne des meilleurs Relais et Châteaux, avec un an à un an et demi d'attente. Pour tenter d'obtenir une place, il faut être parrainé par un cavalier propriétaire d'un cheval au Polo de Paris depuis au moins cinq ans. La pension coûte 643 € par mois si vous vous engagez sur un an, 776 € par mois si vous vous engagez sur six mois : un record... le luxe a son prix !

Le + *le luxe, le luxe, le luxe !*

Le - *son prix !*

Société d'équitation de Paris (SEP)

Centre équestre et poney-club (à partir de 4 ans)
Centre hippique du bois de Boulogne
Route de la Muette à Neuilly (16e)
Tél. 01 45 01 20 06. www.equitation-paris.com (le planning des reprises de l'année, avec le nom des enseignants, figure sur le site).
M° Pont-de-Neuilly ; bus 43 et 73, arrêt Pont-de-Neuilly ; 244, arrêt Jardin-d'Acclimatation.
En voiture : prendre le boulevard du Commandant-Charcot en direction de Neuilly-sur-Seine puis, à droite, la route de la Muette. La SEP se trouve un peu plus loin sur la gauche (au même endroit que le centre hippique du Touring Club de France, voir p. 22).
Les inscriptions se font en juin pour l'année scolaire suivante. Stages et reprises pendant les vacances scolaires, uniquement pour les cavaliers inscrits à l'année.
• 1 instructeur, 6 moniteurs • 60 chevaux, 35 poneys • 1 club-house.
On est plutôt au large, ici, pour monter à cheval. À disposition, un manège olympique tout en bois et un autre manège, moins grand mais assez joli, équipé de miroirs pour pouvoir corriger sa position. Vous avez aussi accès à une grande carrière (souvent séparée en deux pour pouvoir faire deux reprises simultanément) et à un terrain de cross dans le bois de Boulogne.
Après l'effort, pour les chevaux comme pour les cavaliers, la douche : quelle bonne idée pour ceux qui montent tôt le matin ou à l'heure du déjeuner !
L'instructeur, Jean-Pierre Tuloup, est un ancien écuyer du Cadre noir de Saumur. Il donne entre autres des cours de dressage de haut niveau : les chevaux sont dressés pour effectuer des changements de pied au temps et des appuyers au galop... Du grand style !
Animations le dimanche après-midi et compétition CSO, concours complet d'équitation, dressage (12 à 15 cavaliers par reprise dans le manège olympique). À noter, des reprises dédiées à la monte en amazone et à l'attelage.
Côté poneys, le manège est équivalent à un rond de longe pour les reprises shetlands et une petite carrière est à disposition.
Animations et compétition le dimanche après-midi. Reprises spéciales baby-shetland, horse-ball et voltige.

Les + *le cadre est calme, verdoyant et spacieux. Le club-house, sympathique, offre une vue agréable sur le joli manège à miroirs en hiver, et sur la forêt en été. Si vous voulez recevoir un enseignement de très bonne qualité pour progresser en dressage ou à l'obstacle, l'investissement vaut le coup.*

Les - *beaucoup de chevaux sont en stalle et il n'y a pas de pré ni de paddock à l'horizon.*

Société équestre de l'Étrier ☺

• L'Étrier Dauphine

Centre équestre
Place du Maréchal-de-Lattre-de-Tassigny (16e)
Tél. 01 45 00 08 29
M° Porte-Dauphine ; RER C Avenue-Foch ; bus PC arrêt Porte-Dauphine.
En voiture : compter 20 minutes depuis le centre de Paris, le club est situé derrière le pavillon Dauphine.

Pour s'inscrire, il faut s'adresser, en mai, au secrétariat de la Société équestre de l'Étrier, Route de Madrid aux Lacs. Tél. 01 45 01 20 02 (voir page suivante).

♦ 2 moniteurs ♦ 17 chevaux ♦ 1 club-house.

Le grand manège date de 1906 et ne manque pas de style. En revanche, les écuries sont situées en sous-sol et les chevaux donnent un peu l'impression d'être "garés" dans un parking, sans air ni lumière. Et puis le club est situé place du Maréchal-de-Lattre-de-Tassigny, à deux pas du trafic : malheureusement, ici, on ne coupe pas les ponts avec la ville bruyante.

Les reprises s'adressent à tous les cavaliers, du débutant au Galop 7 (8 à 10 cavaliers par reprise). Des animations ont lieu le dimanche après-midi. Une reprise spéciale monte amazone est mise en place, une autre est réservée aux personnes handicapées.

Des stages, avec possibilité de passer les examens fédéraux, sont organisés pendant les vacances scolaires.

Le + *le club au pied du métro.*

Le - *le cadre très urbain.*

• L'Étrier Madrid

Centre équestre, poney-club et écurie de propriétaires
Route de Madrid aux Lacs, bois de Boulogne (16e)
Tél. 01 45 01 20 02. M° Porte-Dauphine ; bus 244, arrêt Route-des-Lacs ou 93, arrêt Pont-de-Puteaux.
En voiture : prendre l'allée de la Reine-Marguerite en direction de Neuilly. Au carrefour de la porte de Madrid, prendre la première route à droite (route des Lacs à Madrid). Le centre équestre se trouve sur la gauche.
S'incrire en mai pour la rentrée de septembre. Avant de vous inscrire, vous devrez rencontrer l'instructeur qui évaluera votre niveau.
• 1 instructeur, 1 moniteur • 10 chevaux, une vingtaine de poneys, 75 chevaux de propriétaires.
Le club, noyé dans la verdure, est très confortable et bien au calme. On monte dans un manège olympique qui dispose de grands miroirs, pour que le cavalier puisse corriger sa position. Comble du luxe, l'ouverture des portes est électrique et vous n'avez pas besoin de descendre de cheval pour entrer et sortir du manège !
Le club possède de plus une très grande carrière d'obstacles, deux ronds de longe, deux carrières pour les poneys et un petit manège, également pour les poneys, aménagé sous une tente en préfabriqué. Côté pratique, les reprises, réservées aux cavaliers de bon niveau (à partir du Galop 5), sont dispensées par l'instructeur (9 cavaliers au maximum par reprise).
Le poney-club propose des activités très variées. Les reprises shetlands et doubles poneys, par petits groupes, se déroulent le soir en semaine, le mercredi et le samedi toute la journée et le dimanche matin. Le dimanche après-midi, c'est la détente : horse-ball, attelage, promenades... Les tout-petits ont droit aux séances de baby-cavalier, les plus grands s'initient au dressage et au saut d'obstacles de compétition.

Les + *l'enseignement est sérieux, les écuries sont bien entretenues et les chevaux très bien soignés.*

Le - *les prix sont élevés.*

PARIS ET LE CHEVAL

Les liens de la capitale avec les équidés ne datent pas d'hier. Les chevaux rythment en effet la vie parisienne depuis l'Antiquité.
Avant la démocratisation de la voiture, entre 1828 et 1835, pas moins de vingt sociétés d'omnibus exploitaient trente et une lignes différentes à Paris. De braves percherons, massifs et endurants, transportaient jusqu'à vingt-huit personnes par omnibus. Les chevaux attelés tiraient également le linge des blanchisseurs, les glaces des marchands ambulants, les bidons des livreurs de lait ou encore les corbillards des croque-morts. Certains Parisiens se souviennent non sans émotion que leurs parents ou grands-parents se précipitaient, après le passage des véhicules, afin de ramasser le précieux crottin, qu'ils utilisaient ensuite comme engrais naturel pour leur potager ou leurs rosiers !

Lorsque le gel rendait la navigation impraticable sur la Seine, les boulonnais, de puissants chevaux de trait, débardaient la glace pour faciliter le passage des bateaux. Après de longues heures de travail, les chevaux se désaltéraient aux abreuvoirs du Pont-Marie et se baignaient dans la Seine, quai d'Orsay. Le soir, ils dormaient dans des vacheries (10, rue de l'Épée-de-Bois) ou dans des écuries aux portes de la ville. Pour acheter un nouvel équidé, les Parisiens se rendaient au Marché aux chevaux qui se tenait boulevards de l'Hôpital et Saint-Marcel ; les selleries-bourrelleries étaient installées non loin de là, vers la Pitié-Salpêtrière.
Pendant que certains travaillaient dur, d'autres se pavanaient à l'autre bout de la ville. Les jeunes gens de bonne famille se promenaient en amazone ou en calèche sur l'avenue des Champs-Élysées. C'est en 1870 que l'ingénieur Alphand et le paysagiste Barillet-Deschamps, deux anciens collaborateurs bordelais du baron Haussmann, réaménagèrent le bois de Boulogne : il était alors de bon ton de se montrer allée des Acacias ou dans le Pré-Catelan, vers 11h du matin. L'hippodrome de Longchamp ouvrit ses portes en 1857 et ceux de Vincennes puis d'Auteuil en 1870 : les courses devinrent le passe-temps favori de l'élite.

À la nuit tombée, les écuyers investissaient la scène parisienne. Dès 1890, le cirque Fernando présenta son spectacle, "Le phoque écuyer", rue des Martyrs ; vinrent ensuite "Le singe écuyer" ou encore "Le cheval aéronaute".
Les omnibus disparurent vers 1913 pour laisser progressivement la place aux autobus et aux voitures. Il ne reste aujourd'hui que très peu de traces de ce passé équestre.

Centre équestre de la Villette

Centre équestre et poney-club (à partir de 4 ans)
9, boulevard MacDonald (19e)
Tél. 01 40 34 33 33. M° Porte-de-Pantin, Porte-de-la-Villette ou Corentin-Cariou (puis 10 minutes à pied pour cette dernière station) ; bus 75, 151 et PC, arrêt Porte-de-Pantin ; 150, 152, 250A et PC, arrêt Porte-de-la-Villette puis 5 minutes à pied.
Les inscriptions sont semestrielles et débutent en juin. En vous y prenant à temps, vous trouverez de la place. Il reste même encore quelques places pour les reprises Galop 7 à la fin du mois de septembre. Le centre organise des stages pendant les vacances scolaires : stages shetlands, stages chevaux, stages "compétition" et stages pour adultes en soirée. Fermé en août.
• 4 moniteurs • 25 chevaux, 25 poneys • 1 club-house.
Le centre est construit le long du boulevard MacDonald mais les écuries, le club-house et la carrière donnent sur le parc de la Villette. Ce n'est pas si mal de pouvoir trouver un centre équestre au pied du métro ! C'est quelque peu irréel d'apercevoir la Géode du haut de sa monture...
Les écuries sont propres et les boxes aérés. Les chevaux ne sont séparés les uns des autres que par des barrières en bois et il n'y a pas de cloison ni de muret. Tout se déroule dans le calme : les moniteurs sont posés, les chevaux dociles, les cavaliers détendus.
Le manège olympique est souvent divisé en deux pour pouvoir faire plusieurs reprises simultanément (par exemple un tiers du manège pour les enfants débutants, deux tiers pour les autres cours) ; en revanche, les mardi, mercredi et jeudi à 20h30 (Galop 7), le manège n'est pas partagé : les cavaliers sont alors 15 par reprise au lieu de 12 maximum. Reprises "poussins" réservées aux enfants de

4-5 ans, les autres cours s'adressant aux enfants et aux adultes débutants jusqu'au niveau Galop 7. Des animations sont organisées le dimanche après-midi.
Côté compétition : pony-games pour les jeunes cavaliers, obstacles et concours complet pour les plus grands.
Les + *un petit club pas mal du tout, inattendu dans ce quartier ! Les poneys (tous alezans) sont très mignons.*
Le (petit) – *entretenir le sol de la carrière ne serait pas du luxe !*

UN TOUR À PONEY

Les poneys et les ânes attendent les tout-petits dans plusieurs jardins parisiens pour une mini-promenade. 2,50 € le tour environ… pas donné pour quelques minutes, mais ce premier contact avec les poneys peut déboucher sur une grande histoire d'amour, alors ça en vaut la peine, non ?
♦ Jardin des Tuileries (1er), jardin du Luxembourg (6e), Champ-de-Mars (7e), bois de Vincennes-porte Dorée (12e), parc Montsouris (14e), parc Georges-Brassens (15e), parc du Ranelagh (16e) et parc des Buttes-Chaumont (19e).
Tous les jours toute la journée pendant les vacances scolaires. Hors période scolaire : mercredi, samedi, dimanche toute la journée, lundi, mardi, jeudi et vendredi après-midi.

3

Autour de Paris

Hauts-de-Seine

Poneyland d'Antony

Poney-club (à partir de 4 ans)
77, rue Roger-Salengro, 92160 Antony
Tél. 01 46 68 05 76 ou 06 89 43 02 71
www.eii.fr/club/poneyland
RER B, arrêt Antony ou Fontaine-Michalon, puis 15 minutes à pied.
En voiture : par la N20, sortie Antony-centre. Après l'église, suivre les flèches "Ferme pour enfants ; Poneyland".

Les inscriptions commencent début juin mais il reste quelques places jusqu'en septembre. Tarifs préférentiels pour les habitants d'Antony. Des stages d'initiation et de perfectionnement à poney ont lieu pendant les vacances scolaires (à la journée ou à la demi-journée).

• 4 moniteurs • 49 poneys, 6 chevaux • 1 club-house.

Le poney-club se trouve dans la même enceinte qu'une ferme pédagogique, en bordure du joli parc Heller, au bout d'une rue pavillonnaire. Ce n'est certes pas la campagne, mais le manège et la carrière sont entourés d'arbres et l'ensemble est spacieux et calme. Les poneys, curieux, vous regardent passer depuis les boxes spacieux, à travers de jolies petites fenêtres en bois. Les écuries sont propres et ni les shetlands ni les doubles poneys ne sont entassés. Au menu : dressage, obstacles, voltige et pony-games. Il y a beaucoup de reprises d'entraînement pour la compétition obstacles et quelques reprises pour les adultes avec les chevaux du club. Le dimanche après-midi, les animations battent leur plein (compétition, concours internes, jeux, préparation et passage de Galops).

Les + *un grand manège en bois très agréable et une belle carrière en contrebas avec des bancs autour pour les parents et les curieux ; la proximité du parc : les parents peuvent aller attendre les plus grands en emmenant leurs petits jouer au square, c'est très agréable aux beaux jours.*

Le - *la radio à fond dans les écuries... un peu de calme serait bienvenu !*

Athletic Club de Boulogne-Billancourt

Centre équestre (à partir de 10 ans)
35, quai Alphonse-le-Gallo, 92100 Boulogne-Billancourt
Tél. 01 48 25 59 80. http://acbb.equitation.free.fr
M° Pont-de-Sèvres puis 10 minutes à pied ; en prenant le bus 467 (arrêt Gallieni), vous arriverez au pied du club.
En voiture : depuis le centre de Paris, en longeant les quais, compter environ 20-25 minutes.

Inscriptions : dès la mi-juin mais il reste encore des places en septembre. Tarifs préférentiels pour les habitants de Boulogne. Le centre est fermé de mi-juillet à début septembre.

♦ 1 instructeur, 2 moniteurs ♦ 35 chevaux ♦ 1 club-house.

La carrière, le manège et les écuries sont flambant neufs : les installations datent de juin 2002. Une porte coulissante permet même de faire communiquer la carrière et le manège pour agrandir l'espace lors des compétitions et des animations le dimanche après-midi. (Les chevaux y sont d'ailleurs régulièrement lâchés en liberté en attendant les grandes vacances au pré.) Deux carrières et un parcours de cross sont également disponibles non loin, dans le parc Edmond-de-Rothschild (mais il faut transporter les chevaux en camion car la municipalité interdit le passage d'animaux sur son territoire).

Dressage et obstacles, du débutant au cavalier de compétition, sont les deux spécialités du club qui prépare au concours complet. Mais il propose aussi de nombreuses activités : balades, travail à pied, carrousel, etc. 12 cavaliers au maximum par reprise, 10 dans les reprises de niveau débutant.

Les + *le club est géré sérieusement, les moniteurs sont pédagogues et les chevaux en forme.*

Le - *le centre est situé à l'angle du quai Alphonse-le-Gallo et de la rue Gallieni, en plein cœur du trafic : drôle d'endroit pour monter à cheval !*

Association du centre équestre de Gennevilliers ♥ ☺

Centre équestre (à partir de 10-12 ans)
60, rue du Moulin-de-Cage
Parc des Sévines, 92230 Gennevilliers
Tél. 01 40 85 01 12
M° Gabriel-Péri-Asnières-Gennevilliers puis 20 bonnes minutes à pied ; RER C, station Les Grésillons puis 10 minutes à pied ; bus 138a, 138b, 238, 166, 178, 378 et 240, arrêt Moulin-de-Cage ou arrêt Gennevilliers du RER, puis quelques minutes à pied.
En voiture, compter 30 minutes depuis le centre de Paris. Après le pont de Saint-Ouen, aller dans la direction de Gennevilliers. Prendre tout droit et à la hauteur du pont aérien, tourner au feu à gauche. Emprunter la rue du Moulin-de-Cage. Le centre est dans le virage.

Abonnement trimestriel. Tarif préférentiel pour les habitants de Gennevilliers et intermédiaire pour les habitants de Nanterre. Des stages sont organisés pendant les vacances scolaires (cours d'équitation, hippologie, passage d'examens fédéraux). Le club est fermé au mois d'août (les chevaux rentrent de vacances en septembre, repus d'herbe fraîche).

• 3 moniteurs • 25 chevaux.

Ce centre a été fondé en 1980 par la municipalité de Gennevilliers. Ses bâtiments sont récents et fonctionnels : un manège de 40 mètres sur 20, une carrière de 64 mètres sur 24 et un terrain de cross. Les chevaux vivent dans des boxes propres et spacieux, séparés les uns des autres par un petit muret, et la porte se résume souvent à une simple chaîne. Entre ses voisins d'écurie et les visiteurs, Bijou a une vie sociale animée !

On développe ici une équitation accessible à tous, de l'initiation au perfectionnement, tout en préparant les cavaliers au passage du Galop 1 au Galop 7 et à la compétition.

Des animations sont proposées certains dimanches : obstacles, dressage, polo, horse-ball, voltige et concours complet, CSO ou hunter. Le club accueille également des personnes handicapées : les leçons sont alors encadrées par une équithérapeute (voir p. 76).

Les + *un centre équestre entretenu et géré très sérieusement. Les chevaux sont bien soignés, le matériel est en bon état et les enfants sont encadrés par une équipe chaleureuse et dynamique.*

Le (petit) – *le club est un peu coincé entre un complexe sportif et les entrepôts d'usines. Heureusement, le parc des Sévines, juste à côté, apporte un peu de verdure.*

Poney-club de l'île Saint-Germain ♥ ☺

Poney-club (à partir de 4 ans)
Parc interdépartemental des Hauts-de-Seine
170, quai de Stalingrad, 92130 Issy-les-Moulineaux
Tél. 01 46 48 80 80
En tramway : T2, station Jacques-Henri-Lartigue puis 10 minutes à pied.
En voiture : le poney-club est très proche de Paris (compter 25 minutes depuis le centre de Paris). Il faut suivre le quai d'Issy-les-Moulineaux et continuer jusqu'au quai de Stalingrad. Pour venir sur l'île Saint-Germain, vous passez un joli pont qui traverse un bras de la Seine. Ensuite, vous avez le choix entre le parking privé payant avec portier ou, juste après, le parking public.

Inscriptions : fin juin ou début septembre. Relâche en juillet-août. Stages pendant les vacances scolaires.

• 4 moniteurs, 3 animateurs poneys • 35 poneys • 1 club-house.

Chic ! Pour une fois, les poneys sont grassouillets et traités comme des princes ! Ils ont de la paille jusqu'aux crins et leurs boxes sont spacieux et aérés. Les petits courent dans tous les sens et les moniteurs ont une pêche d'enfer. Le matériel est en bon état, les installations sont récentes et l'enseignement rigoureux. Un petit manège, une grande carrière poneys et une carrière shetlands : c'est plus que suffisant pour des reprise à shetland (pour les tout-petits) puis à poney (pour les plus grands, du débutant au confirmé). Animations le dimanche après-midi.

Le + *l'île Saint-Germain, sans voiture, est couverte de verdure. Le poney-club, situé au bout d'une jolie voie pavée, est vraiment charmant.*

Le – *15 cavaliers par reprise, c'est beaucoup trop.*

Haras de Jardy

Centre équestre et poney-club (à partir de 4 ans)
Boulevard de Jardy, 92430 Marnes-la-Coquette
Tél. 01 47 01 35 30. www.haras-de-jardy.com (à consulter pour connaître les dates des événements).
En voiture : suivre l'A13 jusqu'à "Versailles-Château". Le club est pratiquement à la sortie de l'autoroute.

Il faut s'inscrire mi-juin pour la rentrée de septembre. Tarifs préférentiels si vous montez aux heures creuses, c'est-à-dire en semaine avant 17h. Des stages sont organisés pendant les vacances scolaires.
• 7 moniteurs • 80 chevaux et 80 poneys • 1 club-house.
Le haras de Jardy est le plus grand centre équestre de France : quatre manèges dont un olympique, quatre carrières dont une immense (8 500 m²), un cross, une piste de galop, des prés et 75 hectares de verdure : on est vraiment au large, ici !
Dressage, saut d'obstacles, cross, attelage, TREC endurance, voltige, promenades en forêt, carrousel, baby-cavalier : tout est possible. La rigueur de l'enseignement, la richesse des installations et la diversité de la cavalerie permettent de progresser très vite et, pourquoi pas, d'envisager la compétition : côté cheval, CSO, CCE, dressage, hunter, amazone, attelage. Côté poney, horse-ball, pony-games et polo.

Les + *l'accueil de personnes handicapées. Les tarifs très attractifs. L'éventail des possibilités.*

Le - *les listes d'attentes interminables. Sachez cependant qu'il y a moins de demandes dans la reprise Galop 6 que dans les reprises débutants.*

LE HARAS
Initialement, un haras est un établissement destiné à la reproduction des chevaux, à l'amélioration des races par la sélection des étalons. Par abus de langage, un haras est parfois un centre équestre dans lequel naissent quelques poulains chaque année.
Pour en savoir plus : www.haras-nationaux.fr

Club hippique des étangs de Meudon

Centre équestre et écurie de propriétaires
13, rue Henri-Etlin, 92360 Meudon-la-Forêt
Tél. 01 46 30 35 02
Bus 179, 279, 291, arrêt Ermitage-de-Villebon puis 10 minutes à pied.
En voiture : 40 minutes depuis le centre de Paris. Le club est à côté de la N118 : l'accès est rapide, une fois passé le pont de Sèvres.

Inscriptions à partir du mois de juin. Il reste quelques places jusqu'en septembre. Tarifs préférentiels pour les habitants de Meudon et pour les moins de 18 ans.
• 1 instructeur, 3 moniteurs • 33 chevaux et 24 chevaux de propriétaires • 1 club-house.
Ce club n'est pas en pleine nature mais la forêt n'est pas loin et le cadre est agréable. Les écuries sont propres, le matériel entretenu avec soin et les chevaux ont la pêche. L'enseignement de base est sérieux (dressage, obstacles et même voltige !) et l'accueil vraiment sympathique. Quand il s'agit de compétition (dressage, CSO, CCE), les choses se compliquent un peu : les cavaliers et leurs montures s'entraînent sur le cross du haras de Jardy. Ces jours-là, on met les chevaux dans le camion, direction Marnes-la-Coquette, et c'est parti ! Nombreuses réjouissances le week-end : promenades en forêt à 8h30. Le dimanche, c'est TREC, endurance, voltige, etc. Maximum 10 cavaliers par reprise dans la carrière et 14 dans le manège. Vous pouvez mettre votre cheval en pension ici. C'est une chance, mais elle se mérite. Vous avez trois possibilités : la première, attendre qu'une place se libère (plusieurs personnes sur liste d'attente). La deuxième : votre cheval est en stalle, il est monté 60 heures par mois par les cavaliers du centre équestre (3 heures de cours vous sont dispensées gratuitement et vous pouvez monter votre cheval autant que vous le souhaitez). La troisième option,

c'est celle de mettre votre cheval "au pair privilégié". Pour 104 € par mois, vous avez vos 3 heures de cours, mais votre cheval est en box. En échange, la pension est gratuite. Enfin, lorsque votre cheval sera vieux et fatigué, vous payerez 408 € par mois pour une pension complète digne de ce nom.

Les + *le manège olympique très bien entretenu et une carrière tout en longueur, pas immense.*

Les - *presque tous les chevaux sont en stalle, la lumière naturelle ne parvient pas jusque dans les écuries. Il n'y a pas de pré.*

Centre équestre de Buzenval

Centre équestre, poney-club (à partir de 4 ans) et écurie de propriétaires
16, rue du Champtier, 92500 Rueil-Malmaison
Tél. 01 47 51 97 33. http://cebuzenval.site.voila.fr (on peut voir sur le site la photo de tous les poneys et chevaux du centre !)
En voiture : compter une bonne demi-heure depuis le centre de Paris. Le club est perché sur les hauteurs de Rueil-Malmaison, dans le quartier de Buzenval.

S'inscrire en juin pour la rentrée de septembre. Le club est fermé du 20 juillet au 25 août.

• 1 instructeur, 5 moniteurs, 1 animateur poney • 40 chevaux, 30 poneys, 25 chevaux de propriétaires • 1 club-house.

Le club est en pleine nature et l'on entend les oiseaux gazouiller ! Il y a de la place, de bons équipements : un manège olympique, bordé d'un côté par les écuries de propriétaires et de l'autre par les boxes des chevaux du club, une grande carrière, en bordure du golf de Saint-Cloud, une autre carrière plus petite qui fait aussi office de cross. Dressage, obstacles, cross, hunter, pony-games, promenades – les plaisirs ne manquent pas. Reprises pour les cavaliers des débutants au Galop 8 et entraînement pour la compétition en 4e et 5e catégories. On regrettera, malgré la propreté des lieux, l'exi-

guïté des boxes : pourquoi sont-ils plus petits que ceux des pensionnaires ? Heureusement que nos amis partent l'été s'engraisser et galoper au pré !
Propriétaires, sachez que le tarif de la pension inclut la location du box, la paille, la nourriture et 4h de cours en reprise par semaine. Pour plus de renseignements concernant l'inscription sur liste d'attente, contactez l'enseignant responsable au 01 47 52 02 17.
Les + *l'accès direct à la forêt de la Malmaison, pour des balades à volonté ! Le centre équestre est bien entretenu et les chevaux de propriétaires sont choyés comme des rois.*
Possibilité de prendre un cheval en demi-pension en juillet : 6h de monte par semaine en toute autonomie, le moniteur restant dans les parages bien sûr.
Le - *le manège des poneys est déjà assez petit, mais celui des shetlands est vraiment minuscule.*

Poney-club de Rueil-Malmaison ♥ ☺

Poney-club (à partir de 3 ans)
Rue des Closeaux, 92500 Rueil-Malmaison
Tél. 01 47 49 75 96
En voiture (c'est le seul moyen vraiment pratique) : comptez 15 minutes depuis La Défense. Le club n'est pas facile à trouver. Lorsque vous êtes sur la N13 en direction de Rueil-Malmaison, il faut dépasser le panneau "Rueil-Malmaison-centre" et tourner à droite au panneau "Golf". Là, vous êtes sauvé !
Les inscriptions se font fin mai pour la rentrée de septembre. Le club est fermé le lundi. Des stages sont organisés pendant les vacances scolaires. En juillet-août, les poneys partent au poney-club du parc de Maisons-Laffitte.
• 1 moniteur • 15 poneys.
Le poney-club se trouve dans un coin charmant, à l'écart de la circulation, au bord de la Seine. Les poneys ont la place de bouger dans leurs boxes et peuvent humer l'air de ce coin de campagne. Le moniteur est patient et pédagogue et vos petits se sentiront bien ici (10 enfants par reprise au maximum). Il y en a pour tous les tempéraments et tous les niveaux : baby-cavalier, promenades, attelage, pony-games, voltige, horse-ball...
Le + *l'accueil d'enfants handicapés.*
Le - *il faut chercher, ici, c'est vraiment le bonheur.*

Poney-club de Brimborion ♥ ☺

Poney-club (à partir de 4 ans et demi)
Parc de Brimborion
21, avenue de la Division-Leclerc, 92310 Sèvres
Tél. 01 46 26 31 20. Toutes les infos sur : www.brimborion.org
M° Pont-de-Sèvres puis bus 169, 179, arrêt Brimborion-Division-Leclerc.
Tramway ligne T2, station Pont-de-Sèvres puis bus 169, 179.
En voiture : compter 20-25 minutes depuis le centre de Paris. Il faut longer les quais puis traverser le pont de Sèvres. Le poney-club se trouve dans le parc de Brimborion.

Inscriptions sur Internet dès la mi-juin ou au secrétariat à partir de la fin du mois de juin et jusqu'en septembre. Les cours débutent fin septembre. Des stages à thèmes ont lieu pendant les vacances scolaires. Fermé le lundi.

♦ 3 moniteurs, 2 animateurs poney ♦ 30 doubles poneys, 64 shetlands ♦ 1 salle de club avec une jolie cheminée pour l'hiver et des tables dehors pour l'été.

La N118 passe juste devant le club mais une fois arrivé en haut du parc de Brimborion, on est au calme. La sellerie est en bon état, les écuries sont propres, les shetlands ne sont pas entassés dans leurs boxes et le sympathique club-house permet d'attendre tranquillement son petit. Les poneys lancent un petit "coup de cul "par-ci par-là. Ils ont la joie de vivre, signe de bonne santé ! Les monitrices sont calmes avec les enfants et indulgentes avec les poneys. Ici, tout le monde met la main à la pâte : après leur reprise, les cavaliers sont désignés responsable du balayage ou du rangement de la sellerie. Les installations ont du charme : le manège a des allures d'ancien préau d'école primaire. Un grand cross, cinq carrières et un terrain de horse-ball font de ce poney-club un must !

Côté sérieux : CCE, CSO, pony-games et horse-ball en compétition.
Côté ludique : une initiation à la voltige, des promenades.

Les + *l'organisation de stages pour les enfants sourds-muets.*

Le - *aucun, même en cherchant bien !*

À savoir... Il existe d'autres poneys-clubs faisant partie de la même association : un peu plus loin de Paris mais plus au calme, à Bièvres ou en Sologne. Vous pourrez même y laisser vos enfants en stage en pension complète pendant une semaine.
À Jouy-en-Josas : 01 39 56 42 94
À Bièvres : 01 60 19 02 13
En Sologne : 02 54 83 36 92

Poney-club de Suresnes ☺

Centre équestre et poney-club (à partir de 4 ans)
Chemin des Poneys, 92150 Suresnes
Tél. 01 40 99 93 93. RER A, station Nanterre-Ville, puis bus A ou B, arrêt Parc-du-Mont-Valérien.
En voiture : compter 20 minutes depuis La Défense. Prendre la N13 jusqu'à Suresnes, continuer boulevard de Washington et suivre la direction du Crématorium. Le poney-club se trouve juste à côté, en haut du mont Valérien.

Inscrivez-vous à l'avance, mi-juin, car les reprises sont vite remplies. En juillet-août, les chevaux et les poneys partent en vacances à la ferme d'Otefond, en Sologne. Des stages sont organisés en Sologne aux vacances scolaires (ferme d'Otefond, 41230 Veillens, tél. 02 54 83 86 69 ou 06 07 47 46 88).
• 3 moniteurs, 1 animateur poney • 23 chevaux, 18 poneys • 1 club-house.
Un club installé dans l'écrin d'un parc départemental, en pleine nature : quelle aubaine ! D'autant que, récemment refaits, les manèges et les écuries sont modernes et en bon état (installations : un manège chevaux, un manège poneys et un rond de longe).
Tandis que les moniteurs préparent la reprise suivante et que les parents courent après le petit dernier, les chevaux gardent un œil bienveillant sur les cavaliers affairés. Une fois en selle, le rythme se calme un peu, quoique à 15 dans un manège, il est parfois difficile de rester zen.
Après la séance, les petits cavaliers goûtent autour d'une longue table en bois tandis que les chevaux restent parfois dans le manège pour une deuxième (troisième, quatrième) heure de reprise. Le soir, c'est au tour des adultes de monter.

Disciplines : dressage, obstacle, voltige, baby-cavalier. Animations le dimanche après-midi : horse-ball, attelage, pony-games, hunter, etc.
Compétition : CSO, CCE et voltige.
Les + *les installations, nickel. En hiver, le club-house donnant sur le manège, les spectateurs assistent aux reprises tout en restant au chaud. L'accueil de personnes handicapées.*
Les - *pour les cavaliers débutants et jusqu'au niveau Galop 4/5, le poney-club est approprié. En revanche, les installations ne permettent pas de progresser au-delà : le manège n'est pas assez grand pour pouvoir travailler de façon autonome et il n'y a pas de cross ni de carrière pour monter un parcours d'obstacles digne de ce nom.*

UCPA des Chanteraines ☺

Parc départemental des Chanteraines
Centre équestre et poney-club (à partir de 4 ans)
10, avenue du Maréchal-Leclerc, 92390 Villeneuve-la-Garenne
Tél. 01 40 85 86 26
RER C station Gennevilliers, puis traverser le parc des Chanteraines ; bus 37, 137, 138, 166, 177, 178, 238, arrêt Parc-des-Chanteraines ou Mairie-de-Villeneuve puis 15 minutes à pied.
En voiture : compter 30 minutes depuis le centre de Paris. Prendre l'A86, sortie Villeneuve-la-Garenne puis suivre les flèches : parc des Chanteraines puis poney-club UCPA.
L'abonnement est trimestriel, les séances non effectuées sont perdues sauf sur présentation d'un certificat médical. Pas de cotisation annuelle. La licence FFE n'est pas obligatoire sauf pour le passage d'examens fédéraux et la participation aux compétitions.
• 5 moniteurs, 2 animateurs poney • 10 chevaux, 40 poneys • 1 club-house.
Les adultes profiteront à plein des installations : manège de 60 mètres sur 20 (souvent divisé en plusieurs parties pour pouvoir mener différentes reprises simultanément), une belle carrière de 70 mètres sur 30, un rond de voltige et un paddock.
Les enfants auront, quant à eux, la possibilité de monter quels que soient leur niveau et leur expérience avec les chevaux. Les débutants s'initieront à travers des activités ludiques telles que les pony-games, la voltige, l'attelage, le polo ou le saut d'obstacles.

Pendant les vacances scolaires, les cavaliers dès l'âge de 6 ans peuvent suivre des stages de cinq jours. Au programme : deux à trois heures d'équitation par jour, soins aux poneys et cours d'hippologie. Il existe aussi des séances de baby-cavalier : une demi-heure de reprise par semaine pour 5,50 € (inscription trimestrielle).

Les + *ce centre UCPA propose un enseignement performant, dans des conditions de sécurité optimales. Les moniteurs sont compétents, les poneys calmes et les installations modernes.*

Le - *le poney-club manque de convivialité : les écuries sont sombres et les poneys un peu entassés. Des fils électriques passent au-dessus de la carrière et si le club-house est confortable, il manque un peu de vie. Quant aux chevaux, légèrement blasés, ils ne partent jamais en vacances.*

■ Et aussi...

Centre équestre de Chaville

7, route de l'Étang-Saint-Denis, 92370 Chaville. Tél. 06 74 52 41 06

Haras de la porte de Saint-Leu

2, route de Saint-Leu, 92290 Chatenay-Malabry. Tél. 01 46 30 00 37

Poney-club de l'ACBB

Parc Edmond-de-Rothschild
14, rue de l'Abreuvoir, 92100 Boulogne. Tél. 01 48 25 75 77

Seine-Saint-Denis

UCPA La Courneuve ☺

Centre équestre et poney-club
Parc départemental de La Courneuve
Avenue Roger-Salengro, 93120 La Courneuve
Tél. 01 48 38 62 63. www.ucpa-lacourneuve.com
RER B station La Courneuve-Aubervilliers puis bus 150, arrêt Parc-des-Sports ; bus 150, arrêt Parc-des-Sports ou 252, arrêt Cité-Floréal.
En voiture : 15 minutes depuis le centre de Paris (parking dans le centre équestre).

Les inscriptions ont lieu dès le début du mois de juin pour la rentrée scolaire puis environ un mois avant chaque début du trimestre suivant. En vous y prenant au bon moment, vous trouverez une place dans une reprise de votre niveau. Il n'y a pas de cotisation annuelle et la licence FFE n'est pas obligatoire, sauf pour le passage d'examens fédéraux et la compétition. Il existe une reprise confirmée spécialisée dressage (se renseigner auprès de Marie) et une reprise spécialisée obstacles, niveau Galop 3. Des stages sont organisés pendant les vacances scolaires.

• 11 moniteurs, 2 animateurs poney • 78 chevaux, 65 poneys • 1 club-house.

Le club est installé dans le parc départemental de La Courneuve, les carrières sont entourées de verdure, le terrain de cross est arboré et c'est bien agréable (même si le chant des oiseaux n'arrive pas toujours à couvrir le bruit de l'autoroute A1 qui passe juste derrière !). Les locaux sont aérés et propres, mais l'ensemble manque un peu de charme. Le nombre élevé de chevaux, de moniteurs, de manèges, de reprises peut expliquer le côté quelque peu affairé du lieu. Malgré tout, les chevaux sont détendus et adaptés à tous les niveaux. Comme dans les autres centres équestres UCPA, du débutant au confirmé, chacun trouvera ici monture à sa botte.

Installations : 4 manèges pas très grands, 1 manège poney, 5 carrières et un beau parcours de cross (niveau 5e catégorie). Le centre équestre s'étend sur 10 hectares.

Disciplines : dressage, obstacles, horse-ball, voltige, travail aux longues rênes et compétition. Des animations ont lieu le dimanche après-midi.

Le + *les séances d'attelage dans le parc départemental de La Courneuve.*

Les - *pourquoi, sur une telle étendue, les chevaux n'ont-ils pas de pré ? Par ailleurs, les poneys sont traités sans grande douceur.*

Centre équestre de Montfermeil

Centre équestre, poney-club (à partir de 5 ans) et écurie de propriétaires
82-84, avenue des Primevères, 93370 Montfermeil
Tél. 01 43 32 48 62
En voiture : compter une bonne demi-heure depuis le centre de Paris pour arriver jusqu'au club : prendre l'A3 porte de Bagnolet puis l'A86 et sortir à Rosny-sous-Bois. Compter encore au moins un quart d'heure par la N302 puis la D117 jusqu'à Montfermeil.

Les inscriptions se font en septembre pour les débutants, toute l'année à partir des Galops 2 et 3.

• 3 moniteurs • 28 chevaux, 12 poneys, 30 chevaux de propriétaires.

Le centre équestre est posé en bordure de la forêt de Bondy, un peu à l'abri de la ville et de son trafic. On est au calme, les oiseaux chantent et il y a de l'espace pour monter à cheval dans de bonnes conditions : deux grands manèges, une jolie carrière remplie d'obstacles, un cross alléchant et un accès direct pour les promenades en forêt. Les propriétaires doivent se régaler. Les chevaux ont l'air malicieux, avec leurs prénoms désuets : Édouard, pour un "canasson", c'est chic, non ? Ici, on peut faire du dressage et de l'obstacle, de l'initiation à la compétition.

Les + *l'accès direct pour les promenades en forêt, le calme.*

Les - *les chevaux du club sont un peu maigrichons, leurs boxes pas tout à fait nickel et la sellerie ne date pas d'hier... mais malgré ces quelques réserves, on se sent vraiment bien ici.*

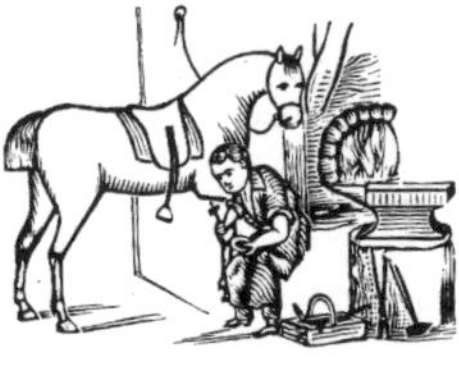

Centre équestre de Neuilly-sur-Marne ☺

Centre équestre et poney-club (à partir de 4 ans)
16, rue du Site-Agréable, 93330 Neuilly-sur-Marne
Tél. 01 43 08 59 89. RER A station Neuilly Plaisance puis bus 113 direction Chelles, arrêt Place-de-la-Résidence, puis 5 minutes à pied.
En voiture : prendre l'A4 direction Metz/Nancy, sortie Noisy-le-Grand et suivre la direction de Neuilly-sur-Marne. Traverser le pont de la Marne puis tourner au feu à droite et suivre les panneaux "Camping municipal" ou "Centre équestre". L'accès est rapide car le centre n'est pas loin de la sortie d'autoroute (compter 30 minutes depuis le centre de Paris).

Pour les inscriptions, passer au club début juin. Tarifs préférentiels pour les Nocéens (habitants de Neuilly-sur-Marne !). Des stages sont organisés pendant les vacances scolaires.

• 4 moniteurs • 24 chevaux, 28 poneys • 1 club-house.

Quelle bonne surprise de trouver un si joli petit centre équestre aussi près de Paris ! "Rue du Site-Agréable"… l'adresse du club est sa meilleure publicité ! Les chevaux ont presque les sabots dans l'eau de la Marne et les poneys ont de la paille jusqu'aux genoux. Les installations sont spacieuses, les écuries très propres (dommage que les voitures traversant le pont de la Marne troublent parfois la tranquillité des lieux).

Le manège chevaux est propre et clair, le manège poneys "au poil" et les deux belles carrières (dont l'une tout au bord de la Marne) vraiment agréables ; zéro défaut, aussi, pour le club-house, cosy avec ses grandes baies vitrées donnant sur la Marne et sa cheminée bien tentante en hiver.

Cours pour enfants et adultes, du cavalier débutant au cavalier Galop 6/7 : dressage, obstacles, pony-games, initiation à la voltige, bébé-cavalier et accueil de personnes handicapées.

Côté compétition : dressage, obstacle et pony-games.

Animations certains dimanches après-midi.

Les + *faut-il répéter tout ce que vous venez de lire sur ce super-club ? On peut simplement ajouter que l'association Équi-libres s'occupe d'assurer une retraite confortable aux chevaux quittant le club pour des raisons de santé ou d'âge… bravo, bravissimo !*
www.equi-libres.com

Le - *les chevaux, l'œil malicieux et le poil doux, seraient parfaits avec des formes plus généreuses.*

Art équestre et attelage ♥ ☺

Centre équestre et poney-club (à partir de 4 ans et demi)
23, rue Danton, 93110 Rosny-sous-Bois
Tél. 01 48 54 52 53
Bus 114, arrêt Parmentier puis 5 minutes à pied ou lignes 121, 221 et 303, arrêt Mairie-de-Villemomble puis 10 minutes à pied (attention ça grimpe !).
En voiture : une demi-heure depuis le centre de Paris. Prendre l'A3 porte de Bagnolet puis l'A86, sortir à Rosny-sous-Bois. Continuer tout droit sur la N302 puis au fléchage "Rue d'Avron", tourner à droite. Le centre équestre se trouve dans le prolongement de cette rue, sur le plateau d'Avron.

Modalités d'inscription : s'inscrire en juin pour la rentrée de septembre, mais il reste toujours quelques places pour les retardataires. Des stages ont lieu pendant les vacances scolaires.

• 2 moniteurs, 1 animateur poney • 35 chevaux, 25 poneys • 1 club-house (avec cheminée, hé hé !).

Quel joli club ! Les boxes sont en bois, les voitures d'attelage colorées, des roses-trémières habillent les murs... L'ambiance est conviviale : quand les uns partent en promenade à cheval, les autres prennent l'apéro !

Chevaux, bien sûr, mais aussi chèvres, oies, cochons et ânes ont investi cette arche de Noé de Rosny-sous-Bois ! N'ayons pas peur des mots : ici, c'est la maison du bonheur !

Le club est spécialisé dans le spectacle équestre sur de majestueux chevaux espagnols : dressage, attelage et voltige cosaque, une discipline qui consiste à effectuer des figures acrobatiques sur le dos d'un cheval lancé en ligne droite au grand galop ! Au début, la voltige cosaque permettait d'esquiver des attaques (coups de sabre, jets de lances et de flèches) et constituait un éventail de figures pratiquées lors des combats. Aujourd'hui, c'est principalement une discipline de spectacle. Si attelage et promenades sont bien sûr au programme, l'enseignement, ici, change vraiment de l'ordinaire !

Le + *la convivialité !*

Le - *il n'y en a pas. C'est un endroit formidable.*

Parc d'équitation du Château Bleu ♥ ☺

Centre équestre et poney-club (à partir de 5 ans)
9-11, chemin des Saints-Pères, 93290 Tremblay-en-France
Tél. 01 49 63 63 63
RER B station Vert-Galant, puis bus 619, 9 ou Duo, arrêt la Poste.
En voiture : 40 minutes depuis le centre de Paris, parking dans le centre équestre.

Les dossiers de pré-inscription sont à remettre avant la fin du mois de juin. Début septembre, le centre équestre vous contacte pour vous proposer des reprises en tenant compte de vos souhaits, les cours débutant mi-septembre. L'inscription est annuelle et votre place est gardée l'année suivante. Heure d'essai : 14,55 €.

Le club est subventionné par les collectivités locales d'Aulnay-sous-Bois, Le Blanc-Mesnil, Sevran, Tremblay-en-France et Villepinte : priorité et tarifs préférentiels pour les habitants de ces communes, les moins de 15 ans et les moins de 7 ans. Possibilité de faire des stages pendant les vacances scolaires et de passer des examens fédéraux. Organisation de stages en juillet à Lamotte-Beuvron (Loir-et-Cher). En août, les chevaux partent au pré.

• 7 moniteurs • 10 chevaux, 50 poneys • 1 club-house.

Le centre équestre se trouve au milieu d'un parc de 2,5 hectares. Classé Monument historique, le Château Bleu accueille les salles de classe et le secrétariat du club. L'ensemble est fonctionnel et harmonieux. En phase, les chevaux tout mignons, les moniteurs calmes et attentifs et la sellerie très correcte. Au niveau installations, 4 manèges dont un petit manège rond pour les shetlands et un manège olympique, une grande carrière et un vrai pré ! Foncez, un si joli club ne se trouve pas tous les jours sous le sabot d'un cheval !

Disciplines : dressage, obstacle, carrousel, pony-games, horse-ball, amazone, voltige. Compétition : dressage, hunter, pony-games et endurance. Leçons d'équitation pour les personnes handicapées.

Certaines reprises de niveau confirmé et de compétition durent 1h30. Maximum 9 cavaliers par reprise.

Les + *le pré, le pré ! Les écuries, presque toutes neuves. À savoir : en semaine (sauf le mercredi), le club accueille des groupes scolaires toute la journée. Pendant que la moitié des élèves s'initie au poney, l'autre moitié reste à étudier avec l'instituteur. Une sorte de classe verte à la journée !*

Le - *Si vous en connaissez un, écrivez-nous !*

Poney-club de l'APSF ♥ ☺

Centre équestre et poney-club (à partir de 5 ans)
Parc forestier de Sevran
Allée Eugène-Burlot, 93410 Vaujours
Tél. 01 49 63 84 56. www.apsf.net
Le centre est fermé le lundi.
RER B, station Sevran-Livry ou Vert-Galant puis 15 minutes à pied dans la forêt ; bus 623, arrêt Square-Henri-Legrand.
En voiture, compter une bonne demi-heure depuis le centre de Paris. Prendre la N3, sortie Vaujours.

Les inscriptions se font en juin. Il y a une cotisation à payer et ensuite, les règlements se font au forfait (au mois ou au trimestre). Une souplesse très appréciable. Organisation de stages à la journée ou à la semaine pendant les vacances scolaires et les grandes vacances.

♦ 1 moniteur ♦ 21 chevaux, 13 poneys.

Le centre équestre est installé dans le parc naturel régional de Sevran. Un cheval de trait, un trotteur, un selle français, un appaloosa, quelques shetlands : il y en a ici pour tous les goûts. Les biches et les ânes broutent la bonne herbe des prés, les poules picorent le grain, un poney en liberté se promène... On joue ici la version française de "La petite maison dans la prairie" : il y a même de grandes tables en bois disposées dehors pour le goûter des enfants ! Catherine, la monitrice, est très chaleureuse et sait mettre en confiance les plus inquiets, qui apprennent à monter dans le calme et le respect des animaux. Mais le plaisir et le jeu sont aussi au programme avec du dressage, du cross, de l'équitation western, de la voltige ou du horse-ball.

Les installations : une grande carrière, un rond de longe et un pré parfois utilisé comme carrière.

Les disciplines : équitation à poney et à cheval, ateliers pédagogiques pour les écoles et les centres de loisirs, baby-poney, équitation thérapeutique, spectacles équestres, attelage et débardage dans la forêt de Sevran.

Forfait coup de cœur : possibilité de prendre son cheval préféré en demi-pension, à partir du niveau Galop 3 : 80 € par mois, incluant 2 heures de cours par semaine.

Les + *les promenades en forêt, l'amour des chevaux.*

Le - *on a beau chercher, on n'en trouve pas !*

À savoir... Le centre est chargé de la surveillance (à cheval) du parc de Sevran et des espaces urbains : lutte contre les incendies, respect des lois, accueil et information des promeneurs, etc.

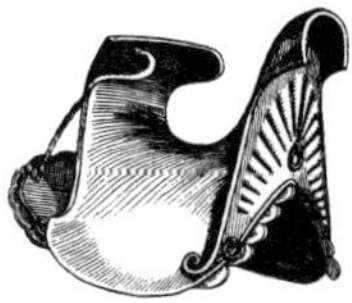

Val-de-Marne

Centre équestre de Bry-sur-Marne

Centre équestre, poney club (à partir de 4 ans) et écurie de propriétaires
5-7, rue des Hautes-Gibouts 94360 Bry-sur-Marne
Tél. 01 47 06 75 92
RER A, station Bry sur Marne puis bus ligne 120, arrêt Pères-Camilliens.
En voiture : 20 minutes depuis le centre de Paris prendre l'A4, sortie Bry-sur-Marne.

Les inscriptions commencent mi-juin et restent ouvertes jusqu'à fin septembre. On peut aussi tenter sa chance en cours d'année. Priorité et tarifs préférentiels pour les habitants de Bry-sur-Marne. Vous pouvez venir essayer une reprise gratuitement (10 cavaliers maximum par reprise). Le centre est fermé en août, les chevaux du club partent au pré. L'été, des randonnées et des stages d'une semaine avec les chevaux du club sont organisés à la campagne.

• 3 moniteurs • 20 chevaux, 20 poneys et 20 chevaux de propriétaires • 1 club-house.

Ici, on fait les choses avec cœur : l'enseignement est sérieux et le centre correctement tenu. L'accueil et l'ambiance sont sympathiques. Philippe Moles, le responsable du club, est un ancien membre de l'équipe de France : il est spécialiste des reprises CSO, sa femme fait des compétitions de dressage et s'occupe des reprises de dressage. Le bon plan est de monter 1h30 dans sa reprise de prédilection : dressage ou obstacles. Entre ville et campagne, le cadre n'est pas totalement champêtre (pas de pré ni de paddock). Un grand manège, un manège poney assez grand sous une tente en préfabriqué, une grande carrière, une petite carrière avec un poteau non protégé au milieu et une autre minuscule : les installations ont pour certaines quelques défauts. Le club disposait il y a quelques années d'un parcours de cross, mais la ville a décidé de le remplacer par des terrains de foot.
Comme dans la plupart des clubs, on propose ici de l'initiation et du perfectionnement à poney et à cheval, des animations le dimanche après-midi, un entraînement à la compétition : CSO, dressage et pony-games.
Si vous avez un cheval, vous pourrez le mettre en pension. Les jours où vous ne pouvez pas venir, le cheval est sorti quand même. L'été, il est possible de "choisir" un cheval pensionnaire pendant une semaine ou deux et de le monter tous les jours en reprise, pour un tarif très intéressant.

Le + *la gazette du centre équestre de Bry, qui donne toutes les infos sur la vie du club.*

Le - *le prix élevé de la pension.*

Centre équestre Oudinot

Centre équestre, poney-club (à partir de 5 ans) et écurie de propriétaires
22, avenue Oudinot, 94340 Joinville-le-Pont
Tél. 01 48 89 92 62
RER A station Joinville-le-Pont puis 10 bonnes minutes à pied ; bus 101, 106, 108, 110 et 201, arrêt Pont-de-Joinville ; ligne 112, arrêt Joinville-le-Pont-RER.
En voiture : 20 minutes depuis le centre de Paris par l'A4. Sortir à Joinville. Le centre est au pied du pont de Joinville.

Les débutants doivent s'inscrire début juin, par téléphone, par courrier ou directement auprès du secrétariat. On ne peut s'inscrire ici que pour une année complète. Fermé en juillet, août et septembre, les chevaux partent au vert, à la campagne.

• 1 moniteur • 10 chevaux, 17 poneys.

Ce centre équestre très discret se trouve entre deux pavillons, dans une petite rue résidentielle, à 20 mètres des bords de Marne. Surréaliste de trouver des chevaux dans un endroit pareil !

Le club est tout petit, très mignon ; il ressemble plus à une maison de poupée qu'a un véritable centre équestre. En dehors du petit manège couvert, il faut vite filer dans la grande carrière du club, installée dans le bois de Vincennes. Les enfants de 5 à 9 ans débutent sur de doux shetlands. Entre 10 et 14 ans, ils passent au poney mais la pédagogie par le jeu reste la même. Ici, l'équitation est proposée comme un loisir !

Le + *pas plus de 7 cavaliers par reprise.*

Le - *les installations, très simples.*

Société hippique de l'école vétérinaire d'Alfort (SHEVA)

Centre équestre, poney-club (à partir de 4 ans) et écurie de propriétaires
7, avenue du Général-de-Gaulle, 94700 Maisons-Alfort
Tél. 01 43 76 86 76 (on tombe sur le répondeur, branché presque en permanence : il vaut mieux passer directement voir les moniteurs.)
M° École-vétérinaire-de-Maisons-Alfort. L'école est au pied du métro. Une fois dans l'école, compter encore 5 minutes à pied pour arriver jusqu'au centre équestre, situé au fond à gauche.
RER D, station Maisons-Alfort-Alfortville, puis 20 minutes à pied pour arriver jusqu'à l'école ; bus 24, arrêt École-vétérinaire-de -Maisons-Alfort.
En voiture : 15 minutes depuis le centre de Paris. Prendre l'A4 direction

Nancy et sortir à Maisons-Alfort. Il est possible de se garer dans l'enceinte de l'école, au pied du centre équestre.
Les inscriptions se font dès la mi-juin, et il ne faut pas trop traîner. Les reprises de petit niveau sont plus demandées que les reprises Galop 7 ; cependant, les moniteurs essaient toujours de trouver un arrangement : c'est bien agréable de ne pas se sentir pressé et stressé par le manque de place dans les reprises. Tarifs préférentiels pour les juniors (jusqu'à 18 ans) et les étudiants de l'école vétérinaire. L'heure d'essai est hors de prix : 30 €, c'est dommage ça risque d'en décourager plus d'un. Maximum 10 cavaliers par reprise.
Le centre est fermé en juillet et en août : les chevaux partent en vacances au pré pendant deux mois en Seine-et-Marne.
• 1 instructeur, 2 moniteurs • 28 chevaux (dont une quinzaine en stalles), 7 shetlands et 4 chevaux de propriétaires.
Le club a un certain cachet : les écuries et le manège sont anciens. Les locaux sont bien entretenus et la sellerie soignée. Les moniteurs sont gentils et attentifs, les cours se déroulent dans le calme et la bonne humeur. Chaque moniteur a son terrain de prédilection : du débutant au confirmé, chacun trouve ainsi sa place. La compétition est facilement accessible, dès que vous avez le niveau requis. Pour les cavaliers confirmés, il existe des reprises de dressage dignes de ce nom (avec enrênements, éperons si besoin est) dispensées par l'instructeur.
Installations : un manège olympique tout neuf, un autre manège plus petit, une jolie carrière ombragée avec des obstacles pour sauter des montagnes, les cracks du CSO vont se régaler !
Disciplines : dressage, obstacle, baby-poney et compétition, essentiellement CSO.
Animations le dimanche après-midi : CSO, dressage, carrousel, cours particulier de dressage ou d'obstacles de 30 minutes.
Pension pour chevaux : 4-5 boxes sont réservés aux chevaux de propriétaires. Ce n'est pas vraiment l'activité principale du club : comptez au moins un an d'attente avant d'obtenir une place. Ensuite, vous pourrez monter votre cheval dans les reprises, en cours particulier ou bien sûr tout seul.

Le + *le club est situé dans l'école vétérinaire, ça fait un peu campus américain !*

Le - *le cadre, à peine verdoyant, d'où l'on entend parfois l'autoroute.*

Centre hippique de Saint-Maur-des-Fossés

Centre équestre, poney-club (à partir de 4 ans et demi) et écurie de propriétaires

Route des Bruyères, 94440 Marolles-en-Brie

Tél. 01 45 95 27 27

En voiture (le moyen le plus pratique) : depuis le centre de Paris, prendre l'A4 direction Nancy puis l'A86. Sortir à Créteil puis continuer sur la D60, rejoindre la N19 jusqu'à Marolles-en-Brie (compter 30 km environ).

Il faut s'inscrire fin juin pour la rentrée de septembre. Une bonne nouvelle, il reste de la place en cours d'année pour les débutants indécis. Tarifs préférentiels pour les Saint-Mauriens.

Les chevaux du club partent en vacances en juillet et en août.

• 2 instructeurs, 8 moniteurs • 100 chevaux et poneys, 40 chevaux de propriétaires • 1 club-house.

On est dans un centre hippique important, à tous les niveaux. L'organisation est sérieuse et les chevaux nombreux. Quant aux installations (3 manèges chevaux, dont un olympique, un manège poneys, une carrière de 4 000 m^2 et une autre de 1 350 m^2, un cross et quelques prés et paddocks), elles permettent de vraiment bien progresser.

Disciplines : initiation, perfectionnement, stages, promenades, attelage, accueil de personnes handicapées. 12 cavaliers par reprise au maximum. Les reprises alternent : trois séances de plat, une séance d'obstacles.

Équipes de compétition chevaux et poneys.

Le dimanche ont lieu des concours d'entraînements CSO, des baptêmes à poney... On peut aussi faire des promenades en attelage dans la forêt, etc.

Le + *l'accès direct à la forêt du Bois-Notre-Dame permet de faire des promenades à cheval le long des 25 kilomètres d'allées cavalières.*

Le - *l'accès à la pension est réservé aux chevaux de compétition.*

Cercle hippique du bois de Vincennes (CHBV)

Centre équestre, poney club (à partir de 5 ans) et écurie de propriétaires
8, rue de Fontenay, 94130 Nogent-sur-Marne
Tél. 01 48 73 01 28
RER A, station Nogent-sur-Marne puis 15 minutes à pied.
Bus 113, 114, 120 et 313, arrêt Nogent-sur-Marne.
En voiture : 20 minutes depuis le centre de Paris en prenant l'A4 sortie n° 4, Joinville-le-Pont puis prendre en direction de l'hippodrome. Au rond-point, tourner à droite et entrer dans Nogent. Le centre équestre est ensuite fléché.

Les inscriptions se déroulent de mi-juin jusqu'au début de la rentrée scolaire. Tarifs préférentiels pour les étudiants de Paris I, Paris V et Paris VI (se renseigner auprès des associations sportives des universités). Fermé le lundi matin.

• 3 moniteurs • 20 chevaux, 10 poneys, 12 chevaux de propriétaires • Vestiaires, salle de cours • 1 club-house.

Le centre équestre est installé dans d'anciennes écuries de course : l'hippodrome de Vincennes n'est pas loin ! On se croirait dans des écuries de poupée : c'est très mignon, bien entretenu et très fleuri, mais le club est en pleine ville et il est tout petit. Les chevaux de propriétaires ont des boxes dignes de ce nom ; en revanche, ceux des chevaux de club sont parfois vraiment rikiki. Il y a 40 ans, une grande carrière se trouvait à la place de l'actuelle école primaire qui jouxte le centre. Maintenant, il faut se rendre aux grandes carrières du bois de Vincennes, à 15 minutes environ, et traverser quelques rues avec pas mal de voitures. Les chevaux sont habitués à la circulation mais il paraît qu'au début de l'hiver, ils sont assez nerveux, alors la balade jusqu'à la carrière peut se révéler un peu stressante... À vous de voir ! Les reprises à 10 dans le manège aux dimensions plus que réduites ne font pas vraiment envie. Les petits (poneys et cavaliers) doivent se sentir plus à leur aise. L'été, les reprises se font à un rythme allégé, chevaux et poneys partent en alternance au pré... ouf ! Ils l'ont bien mérité.

Le club dispose sur place d'un tout petit manège. En revanche, dans le bois de Vincennes, il y a une grande carrière de dressage, une grande carrière d'obstacles, un cross et 25 km de pistes cavalières dans le bois pour les promenades.
Les disciplines enseignées sont le dressage, l'obstacle, le cross, l'endurance, les pony-games et le carrousel chevaux. Compétition : CSO, CCE, pony-games et endurance.
Animations le dimanche après-midi : CSO, dressage, pony-games ou passage d'examens. Les reprises dans le manège durent une heure (10 cavaliers maximum par reprise). Pour les reprises en carrière, compter 1h30, dont 30 minutes pour aller et revenir de la carrière (12 cavaliers maximum par reprise). Il faut avoir au moins le Galop 4 pour monter dans les carrières du bois de Vincennes.
Pension chevaux : possibilité de monter dans les reprises de la semaine, en fonction des places disponibles. Des boxes pour mettre votre cheval en pension se libèrent de temps en temps. Le manège est réservé aux propriétaires le midi, certains soirs et le dimanche en fin d'après-midi. Il n'est pas toujours facile de se faire une place au sec lorsqu'il pleut. L'accès aux carrières est libre.

■ NB : Pour les centres équestres du bois de Vincennes, voir aussi dans le chapitre consacré à Paris (p. 18).

Centre équestre d'Orly ♥ ☺

Centre équestre et poney-club (à partir de 7 ans)

Rue du 19-Mars-1962, 94310 Orly

Tél. 01 48 53 99 79

RER C station Les Saules (le centre est au pied de la gare RER, sur la gauche) ; bus 183, arrêt Les Saules.

En voiture : 30 minutes depuis le centre de Paris. Prendre l'A6, direction aéroport d'Orly. Sortie à la ZI SENIA, puis suivre Orly-Ville, jusqu'à la gare RER des Saules.

Inscriptions : le club est financé par la ville, donc priorité et tarifs préférentiels pour les habitants d'Orly. Les pré-inscriptions pour la rentrée de septembre ont lieu fin juin, lors de la fête du club. Il est possible d'obtenir une place même si vous n'habitez pas Orly, mais il ne faut pas trop traîner. Les années suivantes, votre place est gardée. Des stages ont lieu pendant les vacances scolaires.

♦ 4 moniteurs ♦ 9 chevaux, 9 poneys.

En arrivant dans ce cul-de-sac assez peu engageant (grands immeubles, chemin de fer, terrain vague...), on a envie de faire demi-tour directement ! Mais ne vous découragez pas, poussez la porte. Les moniteurs et la secrétaire sont très accueillants. Le club souhaite rendre l'équitation accessible à tous : le prix des reprises est dérisoire.

Les installations sont toutes neuves (juillet 2002) et les chevaux brillent ! Ils sont gentils, doux et calmes : ici, on aime les animaux c'est évident. Le matériel est en bon état, les locaux sont très bien entretenus. Alors bien sûr on se sent un peu à l'étroit : l'unique manège, joli et lumineux, n'est pas bien grand, il n'y a pas de carrière ni de pré, mais le personnel fait des démarches auprès de la mairie pour obtenir un peu plus de terrain.

Les reprises poneys sont très ludiques : monte à cru, pony-games, etc. L'endroit est adapté aux enfants et aux adultes pour progresser jusqu'au Galop 4 environ : l'ambiance des reprises est détendue et familiale. En revanche, comme on manque d'espace pour monter un parcours d'obstacles, par exemple, les cracks de l'équitation n'ont pas grand-chose à faire ici, pour l'instant !

Disciplines : dressage, obstacle, CSO et CCE en compétition.

Animations le dimanche après-midi : attelage, pony-games, promenades dans la forêt de Sénart... Se renseigner auprès de Julie pour connaître le calendrier des animations.

L'été, le club organise des randonnées pour 8 cavaliers à poney et à cheval : on met les chevaux dans le camion et hop, on part à la mer ! Le rêve... Plusieurs dates en juillet et en août. Pour les habitants d'Orly : 60 € pour une randonnée d'une semaine à poney, 100 € à cheval. Pour les autres, compter respectivement 200 et 80 €. Ce n'est pas cher du tout !

Le + *les tarifs défiant toute concurrence, la gentillesse de l'accueil. Les randos d'été.*

Le - *ce serait vraiment bien s'il y avait une carrière !*

Les Écuries de Condé

Centre équestre et poney-club (à partir de 5 ans)
3, avenue de Condé, 94100 Saint-Maur-des-Fossés
Tél. 01 48 86 95 95
RER A station Saint-Maur-Créteil puis 15 bonnes minutes à pied ; bus 306, arrêt Place-d'Armes et 317, arrêt Libération-Condé puis 10 minutes de marche.
En voiture : 20 minutes depuis le centre de Paris par l'A4. Prendre la sortie Joinville-Saint-Maur. Serrer sur la droite vers le magasin Keria Luminaires. Passer six feux, puis au septième, prendre la rue du Four, sur la gauche. Dépasser un feu, une petite place, puis prendre la deuxième à droite.

On s'inscrit en juin pour l'année, mais on règle au trimestre. Les jours et heures de monte vous sont attribués une bonne fois pour toute, mais vous pouvez changer en cours d'année en cas de force majeure. En août, le centre est fermé, chevaux et poneys partent en vacances.

• 2 moniteurs, 2 animateurs poney • 20 chevaux, 32 poneys • 1 club-house.

Les Écuries de Condé sont installées en ville, à côté des jardins de l'Abbaye. Le club-house et l'accueil se trouvent dans une vieille et coquette maison bourgeoise. On ne s'attend pas à trouver des boxes de part et d'autre de la maison et encore moins un manège à la place du jardin. Comme quoi, tout est possible ! L'ensemble est joli et bien entretenu. Il y a une majorité de doubles poneys et quelques grands chevaux, tous ont l'air tranquilles et bien soignés. Ici, on est en petit comité et c'est bien agréable.

Côté installations, le centre comporte un petit manège couvert (8 cavaliers maximum par reprise) et une grande carrière, située dans le bois de Vincennes (10 cavaliers maximum par reprise). Pour s'y rendre, il faut compter 20 minutes à cheval et traverser un petit bout de ville puis passer dans un tunnel... Il paraît que les chevaux sont habitués mais il faut en vouloir pour monter dans de telles conditions !
Disciplines : dressage, obstacle, pony-games, quelques rares promenades dans le bois de Vincennes et baby-poney (à partir de 5 ans).
Compétition : essentiellement en CSO. Les reprises d'entraînement ont lieu le samedi.
Animations et compétitions le dimanche après-midi.
Le + *le charme du cadre et l'accueil chaleureux*
Le - *la qualité a un prix...*

■ NB : Pour les centres équestres du bois de Vincennes, voir aussi dans le chapitre consacré à Paris (p. 18).

Les Écuries du parc des Lyons ♥

Centre équestre, poney-club (à partir de 5-6 ans) et écurie de propriétaires
2, rue de Lesigny, 94440 Santeny
Tél. 01 43 86 05 36
En voiture (le moyen le plus simple) : depuis le centre de Paris, prendre l'A4 en direction de Nancy puis l'A86. Sortir à Créteil puis continuer sur la D60, rejoindre la N19 jusqu'à Santeny. Le centre équestre n'est qu'à une trentaine de kilomètres de Paris mais l'accès n'est pas très rapide et l'A86 est souvent encombrée.
On peut aussi prendre le RER A jusqu'à Boissy-Saint-Léger, puis le bus 12 ou 40 à la gare de Boissy-Saint-Léger, descendre à l'arrêt Mairie-de-Santeny. Le club est à 5 minutes à pied. En tout, il faut compter une bonne heure.
L'inscription est trimestrielle et se fait tout au long de l'année. Des stages sont organisés pendant les vacances scolaires. Pour les stages Galops 6/7, un instructeur intervient parfois pendant tout ou partie du stage, bien se renseigner.
• 2 monitrices • 10 chevaux, 30 poneys, 40 chevaux de propriétaires • 1 club-house.

Santeny est un bien joli village et le centre équestre est placé dans un cadre grandiose : les chevaux sont au pré, les ânes ruminent tranquillement leur foin, les chevreaux courent après leur mère, un petit cours d'eau se faufile entre les écuries et les prés, bref, c'est la belle vie ! Les installations sont en bon état et les écuries sont propres. On a le choix : deux grands manèges, une belle carrière d'obstacles avec un joli cross à côté, une carrière de dressage, une autre petite carrière, quelques paddock, le tout environné de prés ! Le centre équestre est cependant moins soigné que l'écurie de propriétaires. Les reprises et l'ambiance, de façon générale, sont plutôt "cool", c'est très bien pour les enfants et les cavaliers débutants, moins pour ceux qui voudraient vraiment progresser.
Disciplines : reprises chevaux, du débutant aux niveaux Galop 5, 6 et 7. Il existe également des reprises de dressage niveau Galop 7 et des reprises obstacles spéciales compétition. Reprises poneys et shetlands du débutant au niveau compétition et reprises baby de 45 minutes à partir de 3-4 ans.
Vous avez la possibilité de prendre votre cheval ou poney chéri en demi-pension : 222 € pour un cheval, 215 € pour un poney, avec 2 heures de reprises par semaine.

Le + *l'environnement 100 % nature!*

Le - *si vous voulez vraiment progresser choisissez peut-être une autre école.*

Poney-club de Sucy ☺

Poney-club (à partir de 3/4 ans)

16-20, allée des Blancs, 94370 Sucy-en-Brie

Tél. 01 45 90 74 45

En voiture (le moyen le plus simple) : depuis le centre de Paris, prendre l'A4 en direction de Nancy, puis l'A86. Sortir à Créteil puis continuer sur la D60 jusqu'à Sucy-en-Brie. Le poney-club est à une vingtaine de kilomètres de Paris mais... il faut compter avec les fréquents bouchons de l'A86.

S'inscrire en juin pour la rentrée. Fermé le lundi ainsi que deux semaines en août. Des stages sont organisés pendant les vacances scolaires.

♦ 1 monitrice ♦ 60 poneys et quelques poneys de propriétaires.

Le poney-club appartient à un couple : madame donne les cours et monsieur fait... tout le reste ! L'ambiance est chaleureuse et familiale. Le cadre est agréable et l'endroit bien tenu. Les poneys ont l'œil malin. Vous pouvez laisser vos enfants en stage, ils seront bien encadrés.

Installations : deux manèges poneys, un manège shetlands, une grande carrière avec quelques obstacles et un accès direct en forêt... L'idéal pour les promenades à poney !

Disciplines : baby-poney, équitation à shetland, poney puis double poney, en loisir ou en compétition. Animations le dimanche après-midi : pony-games, carrousel, etc.

Pension pour petits et grands poneys : de 425 à 473 € par mois, comprenant une heure de reprise par semaine. Vous pouvez également prendre un poney du club en demi-pension : 231 à 263 € par mois avec 6h de cours par semaine ou encore en quart de pension : 116 à 132 € par mois avec 3h de cours par semaine. Si votre petit est accro, c'est un chouette endroit pour tenter l'expérience.

Le + *la convivialité.*

Cercle hippique de Cercay-Villecresnes ♥ ☺

Centre équestre, poney-club (à partir de 6 ans) et écurie de propriétaires
Chemin Vert, 94440 Villecresnes
Tél. 01 45 99 08 52
En voiture (le moyen le plus simple) : depuis le centre de Paris, prendre l'A4 en direction de Nancy puis l'A86. Sortir à Créteil puis continuer sur la D60, rejoindre la N19 jusqu'à Villecresnes. Le centre équestre est seulement à une vingtaine de kilomètres de Paris mais, une fois encore, vous serez rarement seul sur l'A86…

Avantage de ce club, on peut s'y inscrire toute l'année.
• 2 moniteurs • 70 chevaux et 40 poneys • 1 club-house.
Le club est installé au bout d'une petite route : d'un côté les écuries, un beau manège donnant sur une grande carrière, de l'autre, un cross et les prés pour laisser souffler sa monture. On se sent bien ici : pas trop de monde, ni trop de chevaux, c'est juste ce qu'il faut ! L'endroit est calme et verdoyant, même si ce n'est pas la pleine campagne. Les installations et le matériel sont propres et en bon état, il y a même un vestiaire avec des douches pour les cavaliers, c'est suffisamment rare pour être signalé. Le club est tenu par une monitrice d'équitation et un cavalier professionnel : l'enseignement est équilibré entre dressage et obstacles, théorie et pratique. Ce n'est pas si fréquent de trouver un bon club, alors allez-y, et au trot !
Disciplines : dressage, obstacles et cross, de l'initiation au perfectionnement. Les plus petits découvriront l'équitation à poney, doucement mais sûrement. À noter, les reprises spéciales obstacles ou dressage, à partir du niveau Galop 4. Le fonctionnement est souple : les cavaliers s'inscrivent au minimum 24h à l'avance dans la reprise de leur niveau. Pas d'obligation de venir monter toutes les semaines même si, bien sûr, c'est fortement conseillé pour progresser.
Heure d'essai ou occasionnelle : 20 € à poney, 25 € à cheval.
Pension pour chevaux : le tarif inclut les sorties de votre pensionnaire adoré lorsque vous ne pouvez pas venir le monter.

Le + *le cadre et la souplesse des inscriptions.*

Le - *on cherche encore.*

Poney-club Saint-Victor ♥ ☺

Poney-club (à partir de 4 ans) et écurie de propriétaires
13, rue Georges-Hervier, 94290 Villeneuve-le-Roi
Tél. 01 49 61 11 71 ou 06 87 51 12 15
RER C Orly-ville puis 15 minutes à pied.
En voiture : 30 minutes depuis le centre de Paris. Prendre l'A6, direction Orly-ville, sortie Villeneuve-le-Roi.

Il est possible de s'inscrire toute l'année, en passant au club. Des stages ont lieu pendant les vacances scolaires.

• 1 moniteur et 1 accompagnateur de tourisme équestre • 8 chevaux, 27 poneys et quelques chevaux de propriétaires.

Derrière le portillon du poney-club Saint-Victor se cache un petit trésor : une ancienne ferme ! En plus des poneys, un coq et des poules ont investi les lieux. Le chat veille sur son petit monde, perché en haut d'une botte de paille : le poney-club n'est pas vraiment dans la nature mais l'ambiance est champêtre. Le moniteur est très professionnel, les poneys sont bien dans leurs sabots et les reprises se déroulent dans le calme. C'est l'endroit idéal pour les enfants jusqu'au niveau Galop 4.

Installations : un manège aménagé dans une ancienne grange, une petite carrière et deux paddocks près de la route – un peu tristounets, mais c'est mieux que rien.

Disciplines : dressage, obstacle, voltige, attelage, horse-ball, reprises spéciales carrousel, TREC, CSO, pony-games et baby-cavalier. Quelques cours pour adultes.

Compétition : CSO et pony-games.

Promenades dans la forêt de Sénart (25 € pour l'après-midi).

En semaine, pendant la journée, le poney-club accueille des groupes scolaires et des personnes handicapées.

Les + *possibilité de prendre son poney chéri en demi-pension pendant un mois : c'est un bon test avant de se décider à en acheter un ! Équitation autonome à partir du Galop 3. Organisation de goûters d'anniversaire, avec initiation poney.*

Le - *là aussi, on cherche encore…*

Poney-club de Vitry

Centre équestre et poney-club (à partir de 3 ans et demi)
3, rue Langlois, 94400 Vitry-sur-Seine
Tél. 01 46 81 15 70
M° Porte-de-Choisy, puis bus 183, arrêt Hôtel-de-Ville et 2 minutes à pied. Le club est au pied de la mairie ; RER C station Gare de Vitry-sur-Seine, puis bus 180, arrêt mairie de Vitry ; bus 183, arrêt Hôtel-de-Ville puis 5 minutes à pied.
En voiture : 30 minutes depuis le centre de Paris.

Il est possible de s'inscrire toute l'année. Forfaits trimestriels. Stages pendant les vacances scolaires. Fermé en août.

• 1 moniteur • 10 chevaux, 15 poneys.

Le poney-club est très mignon : les murs des bâtiments sont blanchis à la chaux, les plantes grimpent un peu partout : on se croirait sur une île paradisiaque… perdue dans un océan de voitures ! Les écuries sont recouvertes de paille fraîche, les boxes sont spacieux et les chevaux tranquilles. Seul hic, le manège est tout petit. Les reprises se déroulent calmement, et vu la taille du manège, c'est de toute façon difficile de se faire embarquer…

Jusqu'au Galop 4 pour les enfants et jusqu'au Galop 2 pour les adultes, le poney-club de Vitry est tout à fait recommandable. Cependant, pour continuer à progresser, une fois les bases acquises, mieux vaut monter dans un centre équestre disposant d'un grand manège, d'une carrière, etc.

Disciplines : de l'initiation au perfectionnement pour les enfants et les adultes. Maximum 12 cavaliers par reprise. Animations le dimanche après-midi.

Le + *l'ambiance agréable : les cavaliers s'amusent bien, c'est ça le plus important.*

Le - *la petite taille du manège.*

■ Et aussi…

Poneyland de Thiais

15, rue Jean-François-Marmontel, 94320 Thiais
Tél. 01 48 84 27 03

Seine-et-Marne

UCPA Bois-le-Roi ☺

Centre équestre, poney-club (à partir de 3 ans) et écurie de propriétaires
Base régionale de plein air et de loisirs
Rue de Tournezy, 77590 Bois-le-Roi
Tél. 01 64 81 33 00
En voiture : Bois-le-Roi se trouve à 70 kilomètres du centre de Paris. Prendre l'autoroute du Sud, sortie n° 12 Saint-Fargeau-Ponthierry, prendre la direction de Bois-le-Roi à la sortie de Ponthierry. À la gare SNCF de Bois-le-Roi, suivre les flèches UCPA. Compter une heure de route. Il est compliqué de venir en transports en commun. Le centre est à une demi-heure à pied de la gare et il n'y a pas de bus vraiment pratique.

Il est possible de s'inscrire toute l'année, les formules sont très souples. Pas de cotisation annuelle. La licence FFE n'est pas obligatoire : le club assure les cavaliers en cas d'accident ; la licence devient indispensable pour le passage d'examens fédéraux et la compétition. Stages de cinq jours en pension complète pendant les vacances scolaires pour les enfants.

• 1 instructeur, 6 moniteurs • 35 chevaux, 35 poneys, 10 chevaux de propriétaires • 1 club-house.

Le centre équestre est aménagé dans un ancien domaine agricole de caractère. Il possède trois manèges dont un olympique, une carrière de sauts d'obstacles immense, une carrière de dressage, un rond de longe, un cross, un accès direct à la forêt de Fontainebleau et des prés.

Disciplines : dressage, obstacles, cross, voltige, pony-games, horse-ball, polo, TREC, attelage, baby-poney, galops en pleine nature et accueil de personnes handicapées.

Compétition : CSO et pony-games.

Pension pour chevaux : le tarif inclut une heure de reprise par semaine.

Le + *toujours la qualité UCPA.*

Le - *à vous de nous le dire !*

Centre équestre de Jablines ☺

Centre équestre et poney-club (à partir de 6 ans)
Base de loisirs de Jablines, 77450 Jablines
Tél. 01 60 26 49 99
En voiture (le moyen le plus simple) : le centre est à 45 kilomètres de Paris, mais son accès est assez facile. Prendre l'A4 en direction de Nancy puis l'A104 et enfin la D404 : ce sont de grands axes, donc s'il n'y a pas trop de monde, on y est vite.

Pour s'inscrire il faut passer ou téléphoner pendant la seconde quinzaine d'août. Pour les stages, les inscriptions se font avant le début de chaque vacances scolaires.

• 1 instructeurs, 4 moniteurs • 45 chevaux , 55 poneys • 1 club-house.

Les installations sont très récentes et c'est le grand luxe : trois manèges dont un immense, une vaste carrière, une spacieuse carrière d'obstacles, un parcours de cross et des prés !

Disciplines : obstacles, cross, dressage, pony-games, voltige, attelage et accueil de personnes handicapées. Très orienté compétition, le centre organise des concours plusieurs fois par an.

Possibilité de monter deux voire trois fois par semaine : les tarifs sont dégressifs mais restent élevés : on paye le cadre et la rigueur de l'enseignement.

Bon plan : venir faire un stage de cinq jours en dormant sur place. Le déplacement depuis Paris vaut alors le coup et les progrès à cheval sont garantis. Pour les bons cavaliers, au programme : une heure de monte de jeunes chevaux, une heure de dressage, une heure d'obstacles tous les jours.

Le + *les installations*

Le - *les prix...*

École d'équitation Emmanuel Margarita

Cheval-club – Domaine équestre de Lipica

1, rond-point du Manège, 77330 Ozoir-la-Ferrière

Tél. 01 64 40 31 31 ou 06 15 10 12 86. www.3emcheval.com

En voiture : Ozoir-la-Ferrière est à 35 kilomètres de Paris, compter 30 à 45 minutes. L'accès est assez direct : prendre l'A4 direction Marne-la-Vallée, suivre la N104 direction Marne-la-Vallée puis la N4 direction Nancy / Ozoir-la-Ferrière.

On peut s'inscrire toute l'année et monter sans attendre. Organisation de stages à la journée pour les enfants pendant les vacances scolaires.

• 1 moniteur (Emmanuel Margarita) • 15 (jolis) chevaux • 1 club-house.

L'école d'équitation se trouve dans l'enceinte d'une grande écurie de propriétaires. Si le cadre n'a rien d'exceptionnel, il y a de la place et de belles installations : deux manèges, dont un de 80 sur 40 mètres, un terrain de cross, 4 carrières extérieures et quelques paddocks.

Disciplines : dressage, obstacle et compétition.

Bon plan : carte de 10 heures de cours particulier, 225 €.

Le + *il y a beaucoup de place pour monter. Il est possible de s'inscrire à tout moment dans l'année. Les installations sous hangar protègent les cavaliers de la pluie l'hiver.*

Le - *le décor manque peut-être un peu de charme.*

Dans le cadre du domaine équestre de Lipica également :

Écurie de propriétaires Franck Blanc : 06 07 97 08 16.

• Pension complète, votre cheval est longé une fois par semaine : 400 € • Pension complète + 2 cours par semaine dispensés par un moniteur : 468 € • Le cours particulier supplémentaire coûte 15 €.

■ Et aussi...

Poney-club d'Ozoir
4, avenue de la Doutre, 77300 Ozoir-la-Ferrière
Tél. 01 60 02 66 32

Poney-club UCPA
Base régionale de loisirs
Route de Lagny, 77200 Torcy
Tél. 01 60 05 02 99

Yvelines

Centre équestre du CEZ ♥ ☺
Centre équestre, poney-club (à partir de 6 ans) et écurie de propriétaires
Parc du château, Bergerie nationale, 78120 Rambouillet
Tél. 01 61 08 68 46 / 68 47
En voiture (c'est le moyen le plus simple) : compter une heure depuis le centre de Paris. Prendre l'A13 puis l'A10, sortie Rambouillet-centre / Poigny-la -Forêt et suivre la direction de la Bergerie nationale. Le centre équestre, situé au fond du parc du château de Rambouillet, est un établissement public financé par le ministère de l'Agriculture et de la Pêche.
En train : Montparnasse / Rambouillet (30 minutes) ; le centre équestre est ensuite à 5 kilomètres (il faut prendre un taxi).
Inscriptions : le CEZ organise chaque année, début septembre, une journée portes ouvertes pour les inscriptions. Il reste ensuite quelques places pour les retardataires. Pour s'inscrire, il faut alors impérativement se déplacer. Des stages sont organisés pour les enfants pendant les vacances scolaires.
• 1 instructeur, 2 moniteurs et des élèves moniteurs • 40 chevaux, 10 poneys, 15 chevaux de propriétaires.

Le centre équestre est plongé dans le calme et la verdure, vous admirerez régulièrement les poulains courant après leur mère. Les écuries sont propres, les chevaux sont beaux, la sellerie très correcte et les installations vraiment impressionnantes : pour améliorer votre tracé sur les parcours d'obstacles et embellir votre coup de saut, ce sera parfait. L'endroit est tenu avec beaucoup de sérieux. Le CEZ de Rambouillet est également un centre de formation : certaines reprises sont assurées par des élèves-moniteurs, sous la responsabilité d'un enseignant diplômé d'État.
Si votre plaisir, c'est d'aller chercher votre cheval au pré avant de le préparer pour votre reprise, vous serez ravi dans ce club. C'est promis, vous ne regretterez pas le temps passé en voiture pour venir jusqu'ici. Les chevaux mènent la grande vie et les cavaliers sont au paradis !
Installations : un manège olympique, un autre manège également spacieux, une très belle carrière d'obstacles, une carrière de dressage en contrebas et un cross. Il y a aussi un accès direct pour faire de belles promenades à cheval et 8 hectares de prés pour les chevaux et les poulains... hé oui, ici, c'est la campagne !
Disciplines : initiation et perfectionnement à poney et à cheval. CSO, CCE, dressage, voltige, hunter, pony-games, horse-ball, bébé-cavalier et accueil de personnes handicapées.
Pension pour chevaux : la liste d'attente est longue très longue... 305 € par mois, ce n'est pas cher.

Les + *le cadre, le calme, l'enseignement, les poulains et les prés.*

Le - *pas de -, que des + !*

UCPA Saint-Léger-en-Yvelines ♥ ☺

Centre équestre, poney-club (à partir de 4 ans) et écurie de propriétaires
5, route de Gambaiseuil, 78610 Saint-Léger-en-Yvelines
Tél. 01 34 86 31 38
En voiture : 50 minutes le dimanche matin depuis le centre de Paris. Prendre l'A13 puis la N12, direction Dreux, sortie Montfort-l'Amaury. Suivre ensuite la direction Rambouillet-Saint-Léger.

Inscriptions : pas de cotisation annuelle et la licence FFE n'est pas obligatoire, le club assure les cavaliers en cas d'accident. Bonne nouvelle : il y a de la place dans les reprises, ce n'est pas la peine de s'inscrire trois mois à l'avance.

Stages pendant les vacances scolaires pour les enfants, hors vacances scolaires pour les adultes, week-ends d'initiation à la randonnée équestre, au TREC ou de perfectionnement en équitation. Pour plus d'informations, consulter le site www.ucpa.fr

1 instructeur, 6 moniteurs, 2 animateurs poney
• 49 chevaux, 18 poneys, 13 chevaux de propriétaires • 1 club-house avec une cheminée.

Le club se trouve dans un cadre magnifique, en pleine campagne. D'ailleurs, lorsqu'il se met à pleuvoir, c'est un peu la gadoue aux abords des carrières, mais ça fait partie du charme des lieux ! Les chevaux vont au pré, c'est calme, les boxes sont propres, les écuries bien entretenues et les chevaux un peu coquins mais sympas. En revanche, le matériel n'est pas en très bon état…

Ici vous progresserez rapidement : les reprises ne sont pas surchargées, les manèges sont grands, les moniteurs dynamiques et pour les bons cavaliers, il existe des reprises de dressage et des reprises spéciales concours complet ou TREC.

Si vous n'êtes pas cavalier mais accompagnez simplement votre minot à sa reprise, vous pourrez en profiter pour faire de belles promenades au grand air, quel bonheur !

Côté installations, les chevaux disposent de deux manèges dont un olympique, de deux jolies carrières avec de belles installations et d'un cross ; quant aux poneys, ils doivent se contenter d'un manège.

Disciplines : dressage, obstacles, voltige, horse-ball, polo, hunter, pony-games, TREC, attelage, compétition et promenades dans la forêt de Rambouillet. Animations le dimanche après-midi.

Pension pour chevaux : 369 € par mois pour une pension simple comprenant la nourriture et la paille, 400 € par mois pour monter son cheval en reprise de façon illimitée.

Le + *la carte annuelle de 10h de cours pour venir monter quand on en a envie : 190 €.*

Le - *le matériel ne brille pas, mais dans le fond, est-ce si important ?*

■ Et aussi...

UCPA Maisons-Lafitte

42, avenue Lekain, 78600 Maisons-Lafitte

Tél. 01 39 62 09 12

Poney-club UCPA

63, avenue du Manet, 78180 Montigny-le-Bretonneux

Tél. 01 30 57 50 30

Club hippique de Versailles

Centre équestre, poney-club et écurie de propriétaires

59, rue Rémont, 78000 Versailles

Tél. 01 39 51 17 02

Centre équestre de la Houssaye

Centre équestre et écurie de propriétaires

Forêt de la Houssaye, 78270 Bonnières-sur-Seine

Tél. 01 30 93 37 84

www.eii.fr/club/houssaye

MIEUX COMPRENDRE SON CHEVAL

Le haras de la Cense est le premier centre de formation à l'équitation éthologique reconnu par la FFE. L'éthologie est une science qui vise à étudier le comportement des animaux dans leur milieu naturel. La pratique de l'équitation éthologique permet au cavalier de mieux comprendre le comportement de son cheval afin de communiquer avec lui dans la douceur, le respect et la sécurité. L'enseignement de cette approche de l'équitation est supervisé par Andy Booth, élève du célèbre chuchoteur Pat Parelli. Le haras gère également un élevage de Quarter Horse et propose de débourrer et de dresser votre cheval, en respectant les principes d'équitation naturelle.

Vous pouvez visiter le haras toute l'année mais vous n'aurez le droit d'y rester que pendant une heure. Mi-septembre, à l'occasion de la Fête du Cheval, le haras organise deux journées portes ouvertes, payantes, où les meilleurs chuchoteurs font des démonstrations avec leurs chevaux mais également avec des chevaux qu'ils ne connaissent pas. Les résultats sont spectaculaires !

Haras de la Cense

78730 Rochefort-en-Yvelines

Tél. 01 30 88 49 00. www.harasdelacense.com ; www.equitcomportementale.com

Accès : direct depuis l'A10. Le haras se trouve à 50 km de Paris.

Essonne (à moins d'une heure de Paris)

Poney-club de Monteclin

Poney-club

Domaine de Monteclin, 91570 Bièvres

Tél. 01 60 19 02 13

Poney-club du Port-aux-Cerises

Poney-club

Base de plein air et de loisirs

Rue du Port-aux-Cerises, 91210 Draveil

Tél. 01 69 83 46 30

Montgeron Équitation

Centre équestre, poney-club et écurie de propriétaires
16, avenue du Maréchal-Foch, 91230 Montgeron
Tél. 01 69 83 15 82
www.montgeron-equitation.com

Écurie des Chartreux

Centre équestre et poney-club
3 bis, rue de La Salle, 91160 Saulx-les-Chartreux
Tél. 01 69-09 99 14

Val-d'Oise (à moins d'une heure de Paris)

Centre équestre de Montfrais

Centre équestre, poney-club et écurie de propriétaires
Chemin d'Argenteuil, 95130 Fanconville la Garenne
Tél. 01 34 14 94 81

Haras de la Fontaine Cypierre

Centre équestre, poney-club et écurie de propriétaires
Chemin des Cressonnières, 95500 Gonesse
Tél. 06 63 57 12 23

Écuries CHIAP Brieussel

Essentiellement écurie de propriétaires
14, chemin des Folles-Entreprises, 95290 L'Isle-Adam
Tél. 01 34 69 05 86

Centre équestre du Plessis-Bouchard

Poney-club et écurie de propriétaires
17, rue Jean-Jaurès, 95130 Le Plessis-Bouchard
Tél. 01 34 44 80 12

Poney-club de Montmagny

Centre équestre et poney-club
2, rue Suzanne-Valadon, 95360 Montmagny
Tél. 01 39 83 27 70

Poney-club de La Sapinière
Centre équestre et poney-club
1 bis, rue de La Sapinière, 95350 Saint-Brice-sous-Forêt
Tél. 01 39 90 11 58

Le Galop
Centre équestre, poney-club et écurie de propriétaires
Chemin des Aubines, 95110 Sannois
Tél. 01 39 80 11 80

Faire un stage d'équitation inoubliable à la campagne

Chevotissimo
20, rue Louis-Boussenard, 45300 Escrennes
Tél. 02 38 34 09 26 et 06 14 19 50 39
www.chevotissimo.com

Poney-club de Goumat
Annie Fontaine
Longuevault, 45380 Chaingy
Tél. 02 38 88 90 60

LA TAC (THÉRAPIE AVEC LE CHEVAL)

La thérapie avec le cheval, ou TAC, soulage les enfants et les adultes souffrant de troubles psychiques accompagnés ou non de handicaps physiques : autisme, trisomie, psychoses. Elle s'adresse aussi aux personnes qui présentent des troubles du comportement tels l'inhibition, l'hyperactivité, la violence ou l'alcoolisme, par exemple. Dans le cadre d'un travail de développement personnel (manque de confiance en soi, dépression, angoisses), la TAC est également un bon moyen de progresser.
L'objectif n'est pas d'apprendre l'équitation mais plutôt de travailler avec le cheval comme médiateur thérapeutique. Pour les enfants autistes, par exemple, le contact avec l'animal permet de différencier l'autre de soi, de prendre petit à petit conscience de ses limites cor-

porelles. Le lien affectif qui se tisse avec le cheval offre un moyen d'extérioriser ses émotions : souffrance et plaisir.

Une partie de la séance se déroule à pied : travail en liberté, pansage et autres soins. Une fois à cheval, l'équilibre et la tonicité musculaire du patient sont très sollicités : le pas, le trot ou le passage d'une barre au sol agissent comme un massage. On peut parfois faire travailler la personne sur des exercices d'orientation : distinguer la droite de la gauche, le haut du bas, faire un cercle ou continuer tout droit, etc.

Pour exercer ce métier, il faut être issu du milieu médical ou paramédical (psychiatre, psychologue, psychomotricien, éducateur spécialisé) et avoir suivi une formation de trois ans, reconnue par l'État, à la FENTAC. Il existe également une formation dispensée par Handicheval : l'accent est mis sur l'équitation en tant que sport, tout en veillant à ne pas nuire à l'état physique et psychique des personnes handicapées.

Équithérapeutes en Ile-de-France

♦ Josée Delacoux, tél. 06 62 37 26 41
(91 – Centre équestre du Val de Seine, écurie de l'Orme des Mazières)

♦ Karine Martin, tél. 06 74 67 96 72
(92 – Centre équestre de Gennevilliers, poney-club de Villeneuve-la-Garenne)

♦ FENTAC (Fédération nationale de thérapie avec le cheval)
14, rue des Laitières, 94300 Vincennes
Tél. 04 43 28 04 79
http://fentac.free.fr

♦ Fédération Handicheval
BP 144, 79204 Parthenay cedex
Tél. 05 49 95 07 77
www.district-parthenay.fr/handi_cheval/Default.htm

Tableau récapitulatif des services et tarifs proposés (prix en €)

Centre équestre (par département)	Adhésion à vie	Cotisation annuelle	Licence annuelle	Une heure de cheval	Une heure de poney	Pension au mois	Voir page
75 (Paris)							
Centre équestre de la Cartoucherie	25 à 34	93 à 118	25 à 36	18	11	-	21
Centre équestre de la Villette	-	35 à 46	-	18	15,50	-	30
Centre Bayard UCPA Vincennes ♥ ☺	-	80	25 à 36	16,40	10,80	-	20
Club hippique du Jardin d'Acclimatation	45	180 à 260	-	19	19	-	24
Polo de Paris	-	400	-	20	-	643	25
Société hippique nationale – École militaire ♥	-	-	-	12	-	-	18
Société équestre de l'Étrier ☺	95 à 175	95 à 175	25 à 36	19 à 32	16	580	27
Société d'équitation de Paris	80	148 à 182	-	17 à 19,75	13 à 16	-	26
Centre hippique du Touring club de France	80	85 à 142	25 à 36	17,25	13	-	22
77 (Seine-et-Marne)							
Centre équestre de Jablines ☺	-	60	25 à 36	22	18,75	-	68
École d'équitation Emmanuel Marguarita	-	66 à 81	25 à 36	14 à 16,40	-	-	69
UCPA Bois-le-Roi ☺	-	-	-	16	10,50	338	67
78 (Yvelines)							
Centre équestre du CEZ ♥ ☺	-	38 à 46	25 à 36	12,40	10,80	305	70
UCPA Saint-Léger-en-Yvelines ♥ ☺	-	-	-	15,25	10,30	369	72
92 (Hauts-de-Seine)							
Association du centre équestre de Gennevilliers ♥ ☺	-	57 à 120	25 à 36	12 à 16	-	-	36
Athletic Club de Boulogne-Billancourt	130	125	25 à 36	20	-	-	35
Centre équestre de Buzenval	-	45 à 115	25 à 36	20	12	505	40
Club hippique des étangs de Meudon	90 à 95	100 à 124	26 à 38,50	17 à 20	-	(408)	39
Haras de Jardy	-	-	25 à 36	16	10	-	38
Poney-club de Brimborion ♥ ☺	-	110 à 175	-	-	13 à 16,40	-	42
Poney-club de l'île Saint-Germain ♥ ☺	-	-	25	-	11,61	-	37
Poney-club de Rueil-Malmaison ♥ ☺	-	115	25	-	20,60	-	41

Poney club de Suresnes ☺	-	8 à 16	25 à 36	16,50	15,50	-	43
Poneyland d'Antony	-	65	25	-	12,80	-	34
UCPA des Chanteraines ☺	-	-	-	-	9 à 12,20	-	44
93 (Seine-Saint-Denis)							
Art équestre et attelage ♥ ☺	-	115	25 à 36	14	13,50	-	49
Centre équestre de Montfermeil	-	80	25 à 36	16,50	10	375	47
Centre équestre de Neuilly-sur-Marne ☺	-	53 à 125	-	14 à 16	9 à 12	-	48
Parc d'équitation du Château Bleu ♥ ☺	-	60	-	16	10	-	50
Poney-club de l'APSF ♥ ☺	-	53,40	25 à 36	12	12	-	51
UCPA La Courneuve ☺	-	-	-	16,50	11,20	-	46
94 (Val-de-Marne)							
Centre équestre de Bry-sur-Marne	-	87 à 104	25 à 36	15 à 16,60	10 à 12,30	486	52
Centre équestre d'Orly ♥ ☺	-	10	25 à 36	10	10	-	59
Centre équestre Oudinot	-	31	25 à 36	17	17	-	54
Centre hippique de Saint-Maur-des-Fossés	-	61 à 70	25 à 36	21,10	15,70	424	56
Cercle hippique du bois de Vincennes	-	80 à 170	25 à 36	14	12	430	57
Cercle hippique de Cercay-Villecresnes ♥ ☺	-	110 à 130	25 à 36	16,50	13,50	420	64
Les Écuries de Condé	-	55 à 130	25 à 36	18	8	-	60
Les Écuries du parc des Lyons ♥	-	70 à 100	25 à 35	18	13,50	412	61
Poney-club Saint-Victor ♥ ☺	-	70 à 100	-	-	12,50	-	65
Poney-club de Sucy ☺	-	80 à 120	25	20	16,60	-	63
Poney-club de Vitry	-	75	26 à 36	15,80	14,20	-	66
Société hippique de l'école vétérinaire d'Alfort	-	130 à 135	-	18,50	16,80	440	54

☺ On applaudit !
♥ Coup de cœur

4

Devenir propriétaire

Ça y est, vous êtes prêt à faire le grand saut ? Avez-vous bien pensé à tout ce qu'implique le fait d'avoir un cheval en pension à plein temps ? Parce que ce n'est pas rien : il demandera toute votre attention ! Les secrets de la réussite d'un couple cavalier-cheval sont : avoir du temps, être entouré de gens compétents et... avoir de l'argent.

On ne s'emballe pas trop vite !

Un cheval a de l'énergie à revendre : pour qu'il se défoule, il faut pouvoir le faire travailler une fois par jour au moins. Vous n'êtes pas obligé de grimper sur son dos quotidiennement pour faire des tours de manège, il risquerait de se lasser. Variez les plaisirs : lâchez-le au pré, tournez-le en longe ou partez en promenade ! Sachez que si votre cheval reste deux jours au box, il aura deux fois plus besoin de se défouler, olé !

Avez-vous assez d'expérience équestre pour gérer votre cheval ? Que faire s'il est peureux ou s'il fait systématiquement des refus à l'obstacle ? Le mieux est de s'entraîner avec un moniteur, un instructeur ou un cavalier professionnel. Même les champions ont des coachs.

Par ailleurs, entretenir un cheval coûte très cher : il faut payer le box, la nourriture, la manucure, le dentiste, le vétérinaire, les habits et même la voiture, si vous faites de la compétition. Voici l'addition pour les vingt ans à venir, dont les cinq dernières années à la retraite au pré (ceci sans compter les aléas liés à la santé, les frais de vétérinaire peuvent alors grimper dans des proportions importantes) :

Achat du cheval		**4 500 €**
Pension + quelques heures de cours par semaine pendant 15 ans	500 € par mois x 12 mois x 15 ans	90 000 €
Vétérinaire	200 € par an x 20 ans	4 000 €
Maréchal-ferrant	50 € par visite x 6 visites par an x 20 ans	6 000 €
Dentiste	20 € par an x 20 ans	400 €
Matériel sellerie		3 000 €
Retraite au pré pendant 5 ans		6 300 €
Total		**114 660 €**

Si l'idée vous trotte déjà dans la tête depuis un certain temps et que cette mise en garde ne vous fait pas peur, foncez !

- **École nationale vétérinaire de Maisons-Alfort**
Tél. 01 43 96 71 00
- **Union française des maréchaux**
Tél. 02 37 32 36 90. www.ufm.asso.fr
- **Association européenne des dentistes équins**
Tél. 02 35 71 72 98 ou 06 14 39 42 33
- **Centre de soins et de formation en ostéopathie équine**
www.sosostеeoequine.com

Les écuries de propriétaires

Pension complète, demi-pension, pension au pair

Placer son cheval en pension complète signifie que vous êtes propriétaire d'un cheval et que celui-ci habite dans un centre équestre ou dans une écurie de propriétaire. Vous êtes la seule personne à le monter et vous payez chaque mois une pension pour le box, la paille et la nourriture.
Pour diminuer le coût de la pension, vous pouvez aussi mettre votre cheval en demi-pension : il est monté par un autre cavalier qui, en échange, participe aux frais de pension ainsi qu'aux frais de ferrure et de vétérinaire. À l'inverse, vous pouvez choisir d'avoir un cheval en demi-pension, ce qui signifie que vous n'en êtes pas propriétaire mais que vous vous en occupez la moitié du temps. La demi-pension se décline en tiers de pension (deux autres cavaliers montent votre cheval et participent aux frais de pension), quart de pension, etc.

Enfin, si vous êtes complètement fauché ou que vous n'avez pas le temps de vous occuper correctement de votre compagnon, vous pouvez le confier à un centre équestre en le plaçant au pair : votre cheval est monté en reprise par les cavaliers du club et la pension est financée par le club.
Il existe différentes formules lorsque vous mettez votre cheval en pension complète. La pension de base inclut le box, la paille, la nourriture et généralement une heure de reprise par semaine. Si vous souhaitez que votre pensionnaire dorme sur des copeaux, qu'il soit longé, sorti au pré ou monté par un moniteur lorsque vous êtes absent, il faudra payer un peu plus cher.

Les bonnes adresses

Les Yvelines, la Seine-et-Marne, l'Essonne et le Val-d'Oise comptent plus de 300 écuries de propriétaires. Il n'est donc pas possible d'en établir la liste exhaustive. Voici cependant quelques conseils pour vous aider à vous y retrouver.
♦ Soyez attentif aux installations : y a-t-il des paddocks, un accès pour les promenades en forêt, un manège couvert pour l'hiver ? Vérifiez si les écuries sont rangées, les boxes propres et le manège hersé (ratissé). Lorsque l'écurie de propriétaire n'est pas une école d'équitation, demandez si un moniteur diplômé d'État ou un instructeur donne des cours particuliers et allez voir comment se déroule une reprise.
♦ Sachez que certains centres équestres possèdent le label de qualité FFE : les normes de sécurité et d'hygiène sont validées et contrôlées régulièrement. C'est un point de repère important. Enfin, un certain nombre de centres UCPA proposent des pensions complètes : les installations sont généralement exceptionnelles, l'enseignement est sérieux, vous pourrez dormir sur vos deux oreilles.

■ Paris

Société équestre de l'Étrier
Route de Madrid aux Lacs, bois de Boulogne (16e)
Tél. 01 45 01 20 02
Pension : 630 € par mois.

Polo de Paris
Route des Moulins, bois de Boulogne (16e)
Tél. 01 44 14 10 00
Pension : 643 € par mois.

■ Hauts-de-Seine

Haras de la porte de Saint-Leu
2, route de Saint Leu, 92290 Chatenay-Malabry
Tél. 01 46 30 00 37
Pension : 485 € par mois.

Centre équestre de Buzenval
16, rue du Champtier, 92500 Rueil-Malmaison
Tél. 01 47 51 97 33
Pension : 505 € par mois.

■ Seine-Saint-Denis

Centre équestre de Montfermeil
82-84, avenue des Primevères, 93370 Montfermeil
Tél. 01 43 32 48 62
Pension : 375 € par mois.

■ Val-de-Marne

Centre équestre de Bry-sur-Marne
5-7, rue des Hautes-Gibouts, 94360 Bry-sur-Marne
Tél. 01 47 06 75 92
Pension : 486 € par mois.

Centre hippique de Saint-Maur-des-Fossés
Route des Bruyères, 94440 Marolles-en-Brie
Tél. 01 45 95 27 27
Pension : 424 € par mois.

Société hippique de l'école vétérinaire d'Alfort (SHEVA)
7, avenue du Général-de-Gaulle, 94700 Maisons-Alfort
Tél. 01 43 76 86 76
Pension : 440 € par mois.

Cercle hippique du bois de Vincennes (CHVB)
8, rue de Fontenay, 94130 Nogent-sur-Marne
Tél. 01 48 73 01 28
Pension : 430 € par mois.

ACP du Bois-Notre-Dame
Carrefour de la Patte d'Oie, 94370 Sucy-en-Brie
Tél. 01 45 90 41 48 ou 06 03 01 85 47
Pension : 435 € par mois.

Les Écuries du parc des Lyons
2, rue de Lesigny, 94440 Santeny
Té. 01 43 86 05 36
Pension : 412 € par mois.

Cercle hippique de Cercay-Villecresnes
Chemin Vert, 94440 Villecresnes
Tél. 01 45 99 08 52
Pension : 420 € par mois.

■ Les petites annonces

www.demi-pension.com
www.cavadeos.fr : cliquer sur "Consulter les petites annonces".
www.1cheval.com/annonces
www.cheval2000.com/annonces
www.lesaboteur.com/menu-annonces
www.cheval.net/trouver/pa/index.phpUCPA

5

L'art équestre

Théâtre équestre Zingaro

176, avenue Jean-Jaurès, 93300 Aubervilliers
Réservation : 0 892 681 891. www.zingaro.fr
M° Fort-d'Aubervilliers.

Attention, mesdames et messieurs ! En se faufilant à travers les épais rideaux de velours placés à l'entrée du théâtre équestre, on arrive sous le grand chapiteau en bois qui fait office de musée, de restaurant et de boutique. Les costumes des précédents spectacles de la troupe (Cabaret équestre I, II, III, Opéra équestre, Chimère, Éclipse, Triptyk) y sont exposés, pour mémoire. Des photos de cavaliers mongols, des sculptures de chevaux en bronze et des peintures habillent les murs de cette pièce chaleureuse, peinte de couleurs flamboyantes. Au centre, de grandes tables rectangulaires permettent aux gourmands de se rassasier. Un pont suspendu permet ensuite de traverser les écuries et d'apercevoir les chevaux dans la pénombre. Droit devant, les portes s'ouvrent sur la piste.
C'est l'heure. Les spectateurs s'installent dans les tribunes. De mystérieux personnages agitent des encensoirs, une odeur de résine envahit les rangs. Le spectacle va commencer... magique, comme toujours. Après la pause thé à la menthe, vous ressortirez de ce chapiteau nimbé de poésie...

Académie du spectacle équestre

Grande écurie du château de Versailles
Avenue Rockefeller, 78000 Versailles
Réservation : 01 39 02 07 14. www.acadequestre.fr
L'Académie est fermée au public les lundi et vendredi, le 25 décembre et le 1er janvier.
Accès : RER C, station Versailles-Rive Gauche puis 10 minutes à pied.

Lorsque le château de Versailles devient la résidence officielle des rois, Jules Hardouin-Mansart construit deux édifices jumeaux pour abriter les 600 chevaux du roi, les palefreniers, les musiciens et les pages. La construction débute en 1679 et est achevée quatre ans plus tard. La Grande Écurie est placée sous l'autorité du Grand Écuyer qui travaille les chevaux du roi et des princes pour la chasse et la guerre. La Petite Écurie est dirigée par le Premier Écuyer : elle abrite les chevaux d'attelage, les carrosses, les voitures et les montures "ordinaires" à disposition de la Cour. L'art du dressage atteint son apogée au milieu du XVIIIe siècle, sous Louis XIV, la Grande Écurie sert de cadre à des festivités royales. Les écuries sont ravagées par un incendie en 1751. Il faut attendre Napoléon Ier pour voir des pages et des chevaux se réinstaller dans la Grande Écurie restaurée. Mais elle est de nouveau désaffectée lorsque Louis XVIII décide de vivre au Louvre. Le manège est ensuite reconstruit en 1855 et la Grande Écurie est occupée par l'armée puis, à partir de 1970, par diverses administrations. Les aménagements actuels des écuries ont permis l'ouverture de l'Académie du spectacle équestre en février 2003. Bartabas (fondateur du célèbre théâtre équestre Zingaro) en est le directeur artistique et pédagogique.

◆ La matinale des écuyers

Mardi, mercredi et jeudi à 9h, 10h et 11h, samedi et dimanche à 10h et 11h, durée : 1h.

L'Académie propose au public d'assister au travail des écuyers et de leurs chevaux dans le manège de la Grande Écurie. Les matinales permettent de découvrir l'apprentissage de l'art équestre et la préparation des spectacles à travers différents thèmes :

- dressage des chevaux lusitaniens couleur crème aux yeux bleus ;
- travail aux longues rênes – les écuyers sont à pied derrière leurs chevaux ;
- entraînement au combat – les cavaliers exécutent des figures d'escrime en selle sur des chevaux argentins (les criollos).

Chaque séance est dédiée à une thématique. La matinale se termine par la visite des écuries.

Adultes : 7 € ; étudiants et moins de 18 ans : 3 € ; groupes (minimum 10 personnes) : 5,50 €. Entrée gratuite pour les moins de 5 ans.

◆ La reprise musicale

Samedi et dimanche à 14h, durée : 1h20.

Chorégraphiée par Bartabas et ses élèves sur des musiques baroques, la reprise musicale est un véritable spectacle équestre. Au programme : la leçon des maîtres, la leçon d'escrime, le carrousel des longues rênes, le carrousel des écuyers puis la visite des Grandes Écuries. Le contenu des spectacles change tous les ans. Adultes : 15 € ; étudiants et moins de 18 ans : 7 € ; groupes (minimum 10 personnes) : 12 €. Version nocturne certains samedis à 20h30 : 20 € pour les adultes, 10 € pour les étudiants et les moins de 18 ans, 15 € pour les groupes (10 personnes minimum).

Pour en savoir plus sur les chevaux de spectacle :
www.lusitanien.net
www.af-cheval-frison.com

LES DESSOUS DE L'ACADÉMIE DU SPECTACLE ÉQUESTRE DE VERSAILLES

“Réveil à 6h, je sors de mon lit, nous sommes le 20 décembre… brrrrrrrrr. Après avoir pris une bonne douche et préparé mon casse-croûte de la journée, j'enfile mon pantalon d'équitation, mes longues chaussettes noires et mes bottes de polo. Je prends ma voiture direction Concorde, les Champs-Élysées, le périphérique (jusqu'à 6h45, ça roule encore), l'A13, sortie Versailles-Château.
J'ouvre le portail de l'entrée de service des Grandes Écuries du roi, je suis arrivée, il est 7h05. Laure est, comme tous les matins, en train de brosser son poulain lusitanien Nord, plus blanc que neige. Je traverse la carrière pour aller jusqu'au foyer, histoire de boire un café et d'enfiler ma blouse de travail.
7h30 : j'ai une demi-heure pour longer Est, le poulain crème de Violaine, qui est un peu mal en point en ce moment. Ensuite, je dois préparer Luz pour la matinale de 9h : pansage, selle, filet, protections… Je n'ai rien oublié ? Non c'est bon, je cours enfiler ma veste de spectacle et enrouler ma ceinture autour de la taille. Vite, un coup de rouge à lèvres. Le jour se lève à peine, on entre dans le manège dans dix minutes : la première matinale de la journée va commencer, l'excitation monte.

Les portes en bois du manège s'ouvrent en grinçant, petit sourire à Isabelle, le maître de manège, emmitouflée dans sa doudoune. Mélie entre la première avec Gitan, je la suis avec Luz et Manue ferme la marche avec Champagne. Les lustres sont flamboyants, la musique classique réchauffe les cœurs, une dizaine de personnes sont dans le public, pas si mal pour un mardi matin ! Silence complet, nous longeons nos magnifiques licornes pendant une dizaine de minutes puis les travaillons en main afin de leur déplacer un peu les hanches. Lætitia entre dans le manège, à cheval sur le majestueux Soulage, pendant que nous enfourchons nos magnifiques montures. Nous voilà au complet dans le manège, le travail à cheval peut commencer : épaule en dedans, hanche en dedans, appuyer au pas et au trot en reprise. Isabelle nous corrige discrètement, Luz est très tendu mais je garde le sourire. On travaille maintenant individuellement au galop. Les lusitaniens ont de toutes petites foulées, c'est comme s'ils frappaient le sol pour mieux s'envoler, c'est magique ! La séance se termine par un petit carrousel d'une quinzaine de minutes puis les chevaux vont quasiment serrer la pince au public au pas espagnol, la grande classe ! Applaudissements, remerciements, la première représentation est terminée.

Je desselle Luz, un coup de douche et de bouchon, il est 10h15. J'ai 15 minutes pour manger mes céréales, puis je dois aller préparer mon deuxième cheval de spectacle : à 11h, c'est reparti pour un tour de public avec Est, le poulain lusitanien à la crinière de punk.

[...]

Je réchauffe mon déjeuner, j'ai une heure pour récupérer. À 13h30, j'ai rendez-vous avec Hélène pour mon cours de chant particulier. Chaque fois, j'ai l'impression de me faire un massage intérieur : travail du souffle, de la respiration. "Relâche tes mains, Marion, tu n'es pas à cheval, pas besoin de tenir les reines !" Le cours se termine par l'apprentissage d'un chant en italien, ouaouuu ! Demain on reprendra tout ça au cours collectif.

J'enfile vite mon jogging et mes baskets. Au programme, deux heures de danse avec Larrio, le meilleur coach de la planète ! Il a éteint les lumières et placé plein de petites bougies par terre, ambiance "Christmas Day". Après l'échauffement, la chorégraphie consiste à marcher par deux, comme on glisserait avec des patins

à glace sur un lac gelé. Larrio a toujours plein de bonnes idées d'improvisations à nous faire travailler et les musiques qu'il choisit sont très poétiques.
La journée n'est pas encore finie : j'ai rendez-vous avec Isabelle pour un cours particulier avec Le Grincheux, un criollo argentin (gris avec la pointe des oreilles et les membres zébrés) un peu coquin. Allez, on remet son pantalon, ses longues chaussettes et ses bottes, on court aux écuries préparer Monsieur Grincheux. Je monte une demi-heure, c'est bien, on s'arrêtera là pour aujourd'hui. Il est 18h, je jette un coup d'œil sur le planning de demain, tiens je ne vais pas monter Luz en public… dommage. Allez, bonsoir tout le monde. Je rentre chez moi en voiture, j'y suis à 19h30. Hé oui le temps de traverser les bouchons et de trouver une place pour me garer. Je me jette dans un bain, histoire d'apaiser un peu mes courbatures, j'ai des tas de choses à raconter sur tout ce que j'ai appris en une seule journée, je suis aux anges."

◆ L'équitation à l'Académie du spectacle équestre

Le travail de haute école, avec des chevaux lusitaniens, est une forme d'équitation particulière : les chevaux portugais sont légers à la main (on n'a que le poids des rênes à porter !), souples et très confortables. Je me suis longtemps demandé comment les écuyer(ère)s pouvaient tenir aussi longtemps au trot assis en gardant le sourire… j'ai compris le jour où j'ai monté Luz, mon premier cheval de spectacle. Tous ces chevaux sont des étalons : il faut négocier chaque figure de carrousel, chaque transition, rien n'est jamais acquis, ils ont un caractère bien trempé. L'enseignement prodigué ici est très riche : Isabelle de Padirac enseigne l'Art équestre avec un grand A, on est à mille lieues du dressage de compétition. Ce n'est pas la performance physique qui compte mais la justesse avec laquelle le cheval travaille, sans force ni résistance.

Si les cavaliers tentent de soumettre leur monture par la contrainte, un jour ou l'autre, les chevaux risquent de se rebeller en ne répondant plus aux jambes ou en s'emballant au milieu d'un spectacle. Tact, patience et humilité sont donc les mots d'ordre de cet enseignement de qualité.

◆ Les autres disciplines artistiques

Le chant, la danse, le dessin et l'escrime permettent aux écuyer(ère)s de développer leur fibre artistique. Il ne s'agit pas de devenir chanteur professionnel (il faut quand même assurer) mais d'intégrer ces différentes expériences pour développer sa sensibilité et surtout son charisme et sa légèreté à cheval.

◆ La vie de bohème

Vous l'aurez compris, la vie d'écuyer(ère) est intense. Autant être clair, vous n'aurez pas une minute à vous. Oubliez les week-ends en famille et les soirées entre amis : tout le monde est aux écuries avant 7h, parfois 8h lorsque c'est fête ! La journée finie, vous avez juste le temps de décompresser et de récupérer car ça recommence le lendemain, le surlendemain, etc. Pour éviter tout souci matériel, la ville de Versailles prête gracieusement un terrain non loin du château, où est disposé le "camp" des académiciens. Chaque écuyer(ère) loge dans un mobil-home trois étoiles, le seul problème est lorsque la bouteille de gaz est vide... c'est la douche froide assurée ! Vous pouvez bien sûr vivre ailleurs que sur le camp, avec votre chéri et votre chat, mais à vous de gérer les embouteillages, les réveils difficiles et les rythmes décalés.

◆ Et qu'est-ce qu'on fait après ?

Une fois que les combats d'épée, les jeunes chevaux, le chant lyrique et les bains de foule n'auront plus de secret pour vous, que va-t-il se passer ? C'est très simple : vous pouvez rester à l'Académie et peut-être devenir écuyer(ère) titulaire : vous devenez salarié ou intermittent du spectacle. À vous de voir, mais cette décision dépendra de votre popularité et de votre cote d'amour auprès des grands manitous. Vous pouvez aussi choisir de créer votre propre troupe de spectacle ou votre école. Il vaut mieux arriver ici bien armé : un monitorat ou une autre formation qui vous permettra d'atterrir sur vos sabots en cas de dérapage incontrôlé. Une fois admis à l'école, si vous avez un genou qui commence à fatiguer, une épaule fragilisée, le moral dans les chaussettes ou un(e) amoureux(s) "envahissant(e)"... vous êtes mal barré(e). Ne vous engagez pas dans cette aventure, sans enlever quelques étoiles de votre tête : demandez-vous pourquoi vous voulez entrer dans cette école. Une fois que vous y serez, si vous ne savez plus bien pourquoi vous êtes là, vous vous sentirez perdu(e) en cas de coup dur... et il y en aura toutes les semaines, c'est certain. Si vous n'avez pas la tête bien vissée sur les épaules, vous vous ferez dégommer. Une fois faite cette petite mise au point, le jeu en vaut la chandelle, bien entendu, et l'expérience, magique, vous transformera !

◆ 100 % des écuyers ont tenté leur chance !

Pour postuler à l'Académie du spectacle équestre, il faut être jeune et monter à cheval comme on marche. Les auditions ont lieu tout au long de l'année. Il faut envoyer une cassette vidéo de soi à cheval, un CV et une lettre de motivation. Si votre candidature est retenue, vous passerez deux auditions à cheval, dont une avec Bartabas, puis un entretien. La rentrée se fait en janvier, la formation dure deux ans au moins et les écuyer(ère)s composant les nouvelles "promotions" sont recruté(e)s tous les deux ans. Prochaines rentrées : janvier 2007 et janvier 2009. Il y a environ 12 écuyer(ère)s par promotion et le recrutement se fait dans le monde entier !

DEVENIR MONITEUR D'ÉQUITATION

Appelé BEES 1 option équitation (Brevet d'État d'éducateur sportif 1er degré), une réforme récente l'a remplacé par le BPJES (Brevet professionnel de la jeunesse, de l'éducation populaire et du sport), mention équitation.

Pour entrer en formation, il faut avoir réussi les tests de sélection : pas de niveau minimum requis mais un bon Galop 7 est recommandé. La journée de sélection ou journée de tests CEP 2, permet d'évaluer le niveau du cavalier et de définir s'il est apte ou non à suivre une formation de moniteur. Au programme : un parcours d'obstacles à enchaîner (une dizaine de barres à 1 mètre de hauteur environ), une reprise de dressage à dérouler, un cheval à tourner en longe, une prise de note et un entretien de motivation à effectuer. La réforme met à présent l'accent sur les qualités pédagogiques et organisationnelles du futur enseignant.

Une fois ces tests de sélection réussis, la formation dure un an ou deux. Différentes aides financières existent si vous êtes en contrat de qualification ou en congé individuel de formation (CIF), sinon le coût de la formation s'élève à 7 125 €, environ. Votre temps est alors partagé entre le centre de formation où vous montez à cheval et le centre équestre dans lequel vous effectuez votre stage pratique (enseignement, gestion). Pour valider le diplôme, un joli cross, une reprise de dressage et un parcours d'obstacles vous attendent, en plus des évaluations en situation de travail. Il existe plusieurs centres de formation en Ile-de-France. Pour plus de renseignements, contactez l'Union équestre d'Ile-de-France.

Union équestre d'Ile-de-France (UEIF)

6, rue Marrier, 77300 Fontainebleau

Tél. 01 60 72 56 77

■ Et aussi...

www.lesmetiersducheval.com

www.ffe.com

www.ghn.com.fr

6

Autour du cheval

Où acheter la panoplie du cavalier ?

Pour monter à cheval, vous n'avez pas besoin de prévoir un budget démesuré pour votre équipement, surtout au début. Pour la première séance, préférez un vieux jogging confortable à un jean moulant et rêche et allez chercher votre vieille paire de bottes à la cave. Le centre équestre vous prêtera une bombe.
Après quelques leçons, vous souhaiterez certainement posséder votre propre bombe : achetez un casque de cross (45 €) plutôt qu'une bombe (31 €), votre tête sera mieux protégée. À proscrire, le petit casque léger, du genre casque de cycliste. Vous vous rendrez aussi vite compte que les bottes de pluie ne collent pas aux mollets – ce n'est pas l'idéal pour tenir à cheval : le premier prix pour une paire de bottes est de 15 € (!), pour une paire de boots et de chaps, il faut compter autour de 70 €. Comptez 40 € pour un pantalon de cheval, 20 € pour un kit de pansage complet et 4 € pour une cravache. Enfin, une paire de gant (3 €) vous évitera d'avoir des ampoules aux mains et les doigts gelés en hiver. Vous voilà paré !

LES CHAPS

Dans les westerns, les cow-boys portent de longues chaps à franges qui s'attachent autour de la taille et descendent jusqu'aux chevilles. Plus communément, les chaps sont des guêtres en cuir retourné que l'on enfile sur les boots, autour du mollet, pour adhérer aux flancs du cheval. Elles ont la même fonction que les bottes mais sont plus faciles à enlever.

■ Pour pouvoir monter à cheval, il faut

- Détenir la licence FFE (36 € pour les adultes, 25 € pour les moins de 18 ans) en cours de validité, pour être assuré en cas de grosse chute. (Cas particulier : dans les centres UCPA, l'assurance est comprise dans le prix.)
- Avoir un certificat médical.
- Etre vacciné contre le tétanos.

Equistable

177, boulevard Haussmann (8e)
Tél. 01 45 61 02 57
M° Saint-Philippe-du-Roule, George-V ou Charles-de-Gaulle-Étoile
Ouvert du lundi au vendredi de 10h à 19h, le samedi de 10h à 18h. En juillet-août : du lundi au vendredi de 10h à 12h45 et de 14h à 19h.

Equistable est situé juste à côté de l'Arc de Triomphe. La façade du magasin est vert bouteille et lorsque l'on pousse la porte, les narines s'emplissent de l'odeur du cuir et les oreilles de musique jazzy : un instant, on se croirait dans une vieille boutique anglaise, ambiance chaleureuse et calfeutrée. Les couvertures pour chevaux remplissent les étagères jusqu'au plafond, les filets décorent les murs et les bijoux et autres accessoires brillent de mille feux. Les articles sont variés mais tout est plutôt haut de gamme : bombe GPA Pikeur (369 €), bottes en cuir (450 €), chapeaux de dressage (139 €), gants en peau (69 €), on trouve même des sièges pliants imitation peau de crocodile à planter au milieu du manège pour reposer les gambettes des moniteurs. Il y a un grand choix de selles : Wintec, Pessoa, Eric Thomas et même Hermès. Mais attention, une selle Hermès coûte au minimum 3 000 €, elles sont très esthétiques (surtout celles en cuir clair) mais souvent inconfortables.

Vous pouvez même acheter ici le pantalon d'équitation Euro-Stra (160 €) assorti au tapis de selle Equithème (22,90 €) et aux bandes de polo de votre Bijou, hé oui !

Une librairie très complète propose des ouvrages d'éthologie et d'hippologie, des manuels pour le passage des examens fédéraux et les règlements de concours édités par la FFE.

Demandez le catalogue du magasin (c'est le même que celui du magasin Padd, voir 15e arrondissement) : il est très complet et les prix restent raisonnables. Les tarifs et les bons de commande vous seront remis avec le catalogue, ensuite il n'y a plus qu'à passer votre commande par courrier ou par téléphone.

Stal

72, rue de Rochechouart (9e)
Tél. 01 48 74 78 51
M° Anvers
Ouvert en principe du mardi au samedi de 10h à 19h. (Mieux vaut appeler avant de se déplacer pour vérifier que le magasin est ouvert.) Fermé au mois d'août.

La vitrine de Stal donne sur la rue de Rochechouart, mais l'entrée de la boutique est située dans la cour intérieure de l'immeuble, au fond à droite. Lorsque l'on pousse la porte de ce petit magasin bien rempli, on a l'impression d'entrer dans un atelier de cordonnerie : des morceaux de cuir traînent un peu partout et une imposante machine à coudre occupe le fond du magasin.

Stal répare entre autres les selles et les filets usagés, mais c'est avant tout un magasin de fournitures d'équitation très complet. Mieux vaut vous adresser directement au vendeur pour lui demander ce que vous cherchez. On ne vient pas ici pour faire du lèche-vitrine, il est d'ailleurs rare d'hésiter entre différents modèles de pantalons d'équitation.

Vous trouverez ici des licols, des cravaches et des tapis de selles de toutes les couleurs. Avant de quitter le magasin, levez le nez et observez le mur tapissé de mors, ça vaut le coup d'œil ! Le patron vend aussi ses articles sur les terrains de concours et dans les salons.

Sellerie Temis

107, rue de la Glacière (13e)
Tél. 01 53 80 01 91
M° Glacière
Ouvert en principe du mardi au samedi de 11h à 19h30. En août : du mardi au samedi de 14h à 19h30. (Mieux vaut appeler avant de se déplacer.)

La sellerie Temis est un petit magasin bien achalandé en cure-pieds, brosses douces, tapis de selles, protections, filets, casques, pantalons et autres accessoires et vêtements d'équitation. Cette boutique travaille avec plusieurs fournisseurs : vous disposerez donc d'un large choix d'articles, à acheter directement ou à commander (environ une semaine de délai). L'accueil est sympathique et les vendeurs compétents.

Padd

14, rue de la Cavalerie (15e)
Tél. 01 43 06 56 50. www.padd.fr
M° La Motte-Picquet-Grenelle ou Cambronne
Ouvert le lundi de 10h à 18h et du mardi au samedi de 10h à 19h.

Padd est un joli magasin et les vendeuses sont disponibles et qualifiées. On y trouve une gamme très complète d'articles. Pour les débutants : casques, bottes, cravaches, pantalons et matériel de pansage à prix doux. Pour les initiés : selles, brides, couvertures, mors, protections et vêtements pour la compétition. Vous pouvez même acheter un mors parfumé à la menthe pour votre cheval favori ! Bon rapport qualité/prix.

À noter : les selles Wintec, les pantalons Equithème, les casques Belstar et les boots Aigle.

Le magasin n'est pas grand et si vous cherchez un article spécifique, il faut commander. Le délai d'attente est d'environ une semaine et le suivi est sérieux.

Vente en ligne sur Internet : www.padd.fr/shopping/index.php

Vente par correspondance : envoi du catalogue gratuit (434 pages !) dans le monde entier (5 € de frais d'envoi pour la France métropolitaine).

Services : location de tondeuses, confection de bottes sur mesure, réparations, broderies. Il y a même une liste de mariage !

Conseil : procurez-vous le catalogue et téléphonez avant de vous déplacer, pour vérifier la disponibilité d'un article.

Guibert

22, avenue Victor-Hugo (16e)
Tél. 01 53 64 74 74. www.guibert.fr
M° Kléber
Ouvert du lundi au samedi de 10h30 à 19h30.

Guibert est un magasin de luxe – pour chevaux et cavaliers de luxe. Il mérite le détour pour rêver devant la beauté des cuirs et... se consoler en achetant *Souvenirs d'un écuyer portugais* de Nuno Oliveira. Les brides, les enrênements, les sangles et les accessoires sont "designés" et fabriqués dans les ateliers Guibert en Normandie. Les cuirs sont souples et très résistants, les finitions sont impeccables – de la très haute qualité ! Comptez tout de même 170 €

pour un licol en cuir, 510 € pour un filet et 590 € pour une bride. Un filet sur mesure coûte 1 100 €. Les selles Guibert ont été spécialement conçues par la sellerie Butet, experte dans le domaine. Résultat : 2 600 € environ pour une selle confortable, à la fois adaptée au dressage et au saut d'obstacles. À ce prix-là, on peut encore dépenser 85 € pour un douillet tapis de selle, non ? Guibert travaille également avec Millet, Lafuma et Degré7 pour adapter les vêtements de pluie et les laines polaires à la pratique de l'équitation. Avec un tel équipement, vous n'aurez jamais trop chaud, ni trop froid, ni les mollets qui pincent, ni d'ampoules aux mains. Guibert vend aussi des produits "paramédicaux" pour votre cheval fétiche : cure revitalisante ou antistress... Est-ce bien raisonnable ?

Kinéton

10, rue Mirabeau (16e)
Tél. 01 40 50 60 93
M° Mirabeau
Ouvert du mardi au samedi de 10h à 13h30 et de 14h15 à 19h.

Kinéton est le spécialiste dans la vente de selles et de bottes de très haute qualité. Hé oui on ne s'improvise pas vendeur de matériel d'équitation, il faut être fin connaisseur : ici vous serez très bien conseillé. Les dirigeants du magasin font appel à plusieurs fournisseurs, dans le souci de proposer à leurs clients un équipement technique et diversifié, tout en maintenant un rapport qualité/prix raisonnable.

Vous trouverez beaucoup de selles de dressage de marque allemande bien sûr mais pas seulement ! Comptez entre 600 et 2 200 € pour une selle Passier, Hopfner ou Amerigo et 136 € pour un pantalon d'équitation Pikeur ultra-confortable. Le prix du "Pantalon-Pikeur-le-moins-cher-de-Paris" est ainsi décerné à Kinéton. Si vous souhaitez vous faire faire une paire de botte (de dressage) sur mesure, c'est également ici qu'il faut venir.

La boutique est excentrée, mais la diversité des articles rend l'endroit incontournable pour tout cavalier confirmé qui se respecte.

Decathlon

www.decathlon.fr
Paris-Porte de Montreuil, Paris-La Madeleine, Paris-Wagram.
Au rayon Équitation des magasins Décathlon, un choix impressionnant de bottes, de boots, de gants et de casques, pour les petits et les grands, s'offre à vous. Tapis de selle, protections, couvertures et matériel de pansage emplissent les étagères, sans oublier bien sûr les friandises à la pomme et à la carotte. Du débutant au cavalier confirmé, vous trouverez ici tout l'équipement de base pour vous et votre cheval. En revanche, si vous cherchez des articles spécialisés comme une selle de dressage de qualité ou un collier de chasse, adressez-vous à un magasin plus spécialisé.

GO Sport

Forum des Halles niveau -3 (1er)
Tél. 01 40 13 73 50
M° Les Halles. www.gosport.fr
Le plus grand rayon Équitation des magasins Go Sport à Paris.
Et aussi : La Défense (Centre commercial des 4 Temps), Châtillon, Daumesnil, Montparnasse (Centre commercial Gaîté), Porte-de-Saint-Cloud, République, Rivoli.
Les magasins Go Sport proposent une gamme complète d'articles : équipement du cavalier et de son cheval de la tête aux sabots et quelques produits de soin, comme du démêlant pour la queue de cheval. Grand choix de vêtements : pantalons d'équitation 100 % coton (c'est rare) Takooha, parkas imperméables Aigle, vestes de concours et chapeaux de dressage ! Go Sport distribue les pantalons Pikeur (compter 120 €), la Rolls Royce des culottes de cheval. On trouve aussi des bottes, des boots, des bombes, de jolis tapis de selles, du matériel de pansage, des cravaches, des protections, etc. Si vous cherchez des articles plus spécifiques comme des bandes de repos, une longe et un caveçon ou des éperons, vous trouverez, ce qui est déjà très bien, mais vous n'aurez pas vraiment l'embarras du choix. Pour acheter des articles de base, c'est une bonne adresse : bon rapport qualité/prix, d'autant que Go Sport commercialise sa propre marque d'articles.
Location de tondeuse : 38 € la journée, 23 € la demi-journée, chèque de caution de 422 €.

Le musée du Cheval de Chantilly

Musée vivant du cheval

Grandes écuries
60630 Chantilly
Renseignements et réservations : 03 44 57 40 40.
www.musee-vivant-du-cheval.com
Pour les spectacles privés : www.chantilly-soirees.com
Les horaires du musée changent presque tous les mois, le plus sûr est de téléphoner avant de se déplacer.
Accès : Chantilly est à 50 km de Paris.
En voiture : prendre l'autoroute A1 direction Lille, sortie n° 7, compter environ 1 heure.
En train : depuis la gare du Nord, trains grandes lignes (30 minutes).
Tarifs : (visite musée + présentation pédagogique + spectacle) à partir de 13 ans : 18,50 € ; 4 à 12 ans : 17,50 € ; tarif réduit pour les familles nombreuses.

Les écuries du château de Chantilly furent construites en 1719 sur l'initiative de Louis-Henri de Bourbon, septième prince de Condé, qui pensait se réincarner en cheval après sa mort. Les bâtiments abritèrent jusqu'à 240 chevaux et 500 chiens lors de prestigieuses chasses à courre dans les 8 000 hectares de la forêt de Chantilly. En 1886, le domaine de Chantilly fut légué à l'Institut de France, chargé de la conservation du château, des grandes écuries, de l'hippodrome et des terres environnantes. Après plusieurs années de négociation, les écuries ont été concédées en 1982 à Yves Bienaimé, maître écuyer. Il décide alors d'en faire un lieu équestre vivant et pédagogique, accessible aux enfants et aux plus grands, qu'ils soient novices ou experts : le musée vivant du cheval est le plus grand musée équestre du monde !

■ Le musée

Le musée est composé de 31 salles, pas moins, consacrées à différents thèmes comme la chasse à courre, les courses ou la mythologie. Ne manquez pas l'atelier du maréchal-ferrant, du maître sellier ou encore les salles vétérinaires. Chaque pièce est joliment décorée de tableaux, sculptures, gravures ou toute autre illustration en rapport avec les chevaux. Le parcours est ponctué de questions d'hippologie peintes sur des commodes en bois – pour connaître la réponse, il suffit d'ouvrir le tiroir ! La visite est rythmée par des reportages sur les haras nationaux ou sur les courses de chevaux en Mongolie, par exemple. Le circuit se termine par la traversée des écuries, qui s'étendent à perte de vue (186 mètres de long). La première partie est aménagée en galerie des disciplines équestres : des scènes de cavaliers avec leur monture sont reconstituées en fonction des pays et des époques. Dans l'autre partie des écuries, vous rencontrerez les vrais chevaux du musée : les chevaux espagnols ont du panache et le somptueux frison en fera craquer plus d'un.

■ Les représentations pédagogiques et les spectacles équestres

Dans la carrière des écuries du château, les écuyères du musée animent plusieurs fois par jour des démonstrations pédagogiques. Après une explication d'une quinzaine de minutes sur les principes fondamentaux de l'équitation moderne, elles présentent à cheval des figures de dressage. À l'aide d'un micro, les cavalières commentent en direct comment elles obtiennent de leur cheval qu'il se cabre, qu'il marche au pas espagnol ou qu'il salue le public. Ces représentations ludiques permettent d'introduire simplement quelques notions de dressage.

Les spectacles équestres ont lieu sous le splendide dôme des écuries. Le public s'installe autour de la piste de seulement 13 mètres de diamètres, l'ambiance est intime. Lors des différents numéros, vous croiserez une cavalière amazone, une danseuse, Arlequin et peut-être même le père Noël. Les cavaliers ont le sens de l'humour et les chevaux semblent s'amuser autant que le public.
Yves Bienaimé et sa famille font vivre ce lieu avec beaucoup de générosité. On apprend un tas de choses sur les chevaux et l'art de vivre qui les entoure, on repart le sourire jusqu'aux oreilles et des étoiles plein la tête. Le musée est privé, il n'a jamais reçu de subvention ni pour sa création, ni pour son fonctionnement.

Un salon capital

Le Salon du Cheval

Paris Expo Porte de Versailles (15e)
Réservation : 0 892 697 687. www.salon-cheval.com
M° Porte-de-Versailles
Cette fête a lieu chaque année fin novembre-début décembre, pendant huit jours, du samedi au dimanche de 10h à 19h. Nocturne le mardi jusqu'à 22h. Entrée 12 €. Tarif réduit pour les enfants de moins de 12 ans, les cavaliers possédant leur licence FFE. Gratuit pour les moins de 6 ans.
Vous faites ou ferez bientôt partie des 150 000 visiteurs qui viennent au Salon pour ses 1 000 chevaux, les 4 carrières d'animations où se tiennent de nombreuses démonstrations d'équitation éthologique ; 500 exposants sont là pour qui souhaite se renseigner sur les randonnées dans les Pyrénées, acheter des lanières d'éperon en cuir marron...

Les librairies spécialisées

Librairie Elbé

213 bis, boulevard Saint-Germain (6e)
Tél. 01 45 48 77 97. M° Rue-du-Bac
Ouvert du mardi au samedi de 10h à 13h et de 14h à 18h30.
Vente de livres anciens d'équitation et de gravures de chevaux.

Librairie Vigot-Maloine

23, rue de l'École-de-Médecine (6e)
Tél. 01 43 25 60 45
M° Odéon ou RER B et C, Saint Michel-Notre-Dame
Ouvert du lundi au samedi de 10h à 19h.
Installée dans le Quartier latin depuis près d'un siècle, cette librairie vend des ouvrages médicaux et paramédicaux. Elle dispose d'un rayon équitation très complet avec beaucoup de livres sur l'hippologie, l'éthologie et les différents soins à apporter aux chevaux.
Vous pouvez consulter le catalogue sur Internet et acheter vos livres en ligne : www.vigotmaloine.fr

Montbel Équitation

8, rue de Courcelles (8e)
Tél. 01 45 63 04 04
M° Saint-Philippe-du-Roule
Ouvert du lundi au vendredi de 9h30 à 19h, le samedi de 11h à 18h.
La librairie Montbel est spécialisée dans l'édition et la vente de livres cynégétiques, c'est-à-dire sur l'art de la chasse. Mais elle propose surtout des ouvrages rares, des textes anciens, des livres épuisés ou d'occasion sur les chevaux.
Passez y faire un tour et feuilletez le livre *Paris à cheval,* écrit par Crafty et publié en 1883 : il laisse un incroyable témoignage sur la vie à Paris à la fin du XIXe siècle, lorsque se côtoyaient cavaliers mondains, cochers de fiacres, habitués des courses et marchands de chevaux.
Le catalogue en ligne du magasin est mis à jour toutes les semaines : www.montbel.com

Libr'animal

6, rue Saint-Lazare (9e)

Tél. 01 42 85 84 71. M° Notre-Dame-de-Lorette

Ouvert le lundi de 14h à 19h et du mardi au samedi de 10h à 19h.

Un bel endroit dédié aux animaux, où le cheval occupe une place de choix : livres de photos, histoires pour enfants et exposition-vente d'œuvres animalières.

■ Et aussi...

www.cavalivres.com

Le site est spécialisé dans la vente de livres, CD, DVD et cassettes vidéo, qui touchent de près ou de loin au monde des chevaux : initiation à l'équitation, hippologie, formation-droit, art-littérature, bandes dessinées etc.

À lire absolument :

Bienvenue au club ! Journal intime du cheval Crac, de Sylvie Overnoy, éditions Belin.

Index

Dans la même collection

À chacun sa chorale
À chacun son café
À chacun son resto
Acheter de l'art à Paris
Avoir un chat à Paris
Bien naître à Paris
Chanter à Paris
Comment devenir une vraie Parisienne
Cuisiner comme un chef à Paris
Danser à Paris
Découvrir les sciences à Paris
Être bénévole à Paris
Faire du cheval à Paris
Guide de l'écocitoyen à Paris
Jardiner à Paris
Jolis hôtels de Paris à petits prix
L'art contemporain à Paris
La bande dessinée à Paris
La photographie à Paris
L'ésotérisme à Paris
Le jazz à Paris
Le monde à Paris
Le roller à Paris
Le thé à Paris
Le théâtre à Paris
Les cantines de Julie
Les meilleurs brunchs de Paris
Les meilleurs dépôts-ventes de Paris
Les mercredis des petits Parisiens
Nuits blanches à Paris
Où s'embrasser à Paris
Où trouver le calme à Paris
Paris anti-stress
Paris brico-déco
Paris Chocolat
Paris cinéphile
Paris cool
Paris Design
Paris en bouteilles
Paris en fauteuil
Paris gayment
Paris Gourmandises
Paris des libres savoirs
Paris les pieds dans l'eau
Paris Patrimoine
Paris récup'
Paris rétro
Paris sur mesure
Paris tonique
SOS Jeune mère parisienne
The Best Places to Kiss in Paris
Trouver un Jules à Paris
Un tour à la campagne
Vivre bio à Paris

ISBN : 2-84096-389-2
Dépôt légal : mai 2005
Achevé d'imprimer en mai 2005
dans les ateliers de Sagim-Canale, à Courtry
N° d'impression : 8499

Avec la collaboration de Fabienne Vaslet